KRANICHE
ЖУРАВЛИ

Eisbrenner

KRANICHE
ЖУРАВЛИ

Von einem, der auszog,
im Kreml zu singen.

edition bodoni

Die Kraniche sind da

Da draußen das, das soll Frühling sein? Würde ich das Fenster öffnen, würde es sich so anhören. Die Vögel zwitschern, Störche klappern und immer wieder hört man die Kraniche in der Luft und auf den Feldern nach Gesellschaft rufen. Aber aus dem Himmelsgrau fällt Dauerregen und kalt ist es auch. Ich sitze in meiner Küche mit dem Rücken zum Ofen, Blick aus der Terrassentür und ordne meine Gedanken. Die Kraniche sind da! In so vielen Jahren war mir das ein freudiges Signal. Frühling, Aufbruch, Wärme. Zeit der häufigeren Treffen mit Freunden, denn immer, wenn es warm wird und meine Freunde aus den Städten überlegen, welche ihrer Landpartien sie wohin treiben könnte, dann steht unser „Vier Winde Hof" hoch im Kurs. Die Kraniche sind da! Aber mein Herz will nicht hüpfen. Nicht einmal heute, am Karfreitag 2023, Ostern, Christi Auferstehung. Nein, es hüpft nicht. Kraniche wissen nichts von gesellschaftlicher Depression. Aber ich. Ich spüre sie überall. Es geht soweit, dass die Menschen nicht mehr wagen, sich auf Facebook mit virtuellen Ostergrußkarten zu überschütten wie in allen Jahren vorher. „Fröhliche Ostern", ja wie denn? Manche schreiben „Friedliche Ostern". Aber wenn ich auf Google schalte, um etwas zu recherchieren oder von der Welt zu erfahren, grinsen mir höhnische Berichte über das Außenministertreffen in Brüssel und Vorbereitungen von NATO-Manövern entgegen. Dass sich unsere Außenministerin vor laufenden Kameras wieder mal freudsche Versprecher leistet und die NATO als „unseren Schutzstürm" bezeichnet, wen interessiert das wohl? Vor ein paar Tagen ist Finnland eingetreten. „Jetzt ist Schweden dran", prahlt die Dame, als hätte sie gerade die Truppen der Ostfront in Marsch gesetzt. Zum Glück habe ich gerade gestern eine Rede von Frau Gabriele Krone-Schmalz auf dem Handwerker-Friedens-Kongress am 02.04.23 in Dessau gehört und verbreitet.

Einige Sätze daraus klingen noch nach in mir: „Für mich zeichnet sich moralische Politik dadurch aus, dass man die Dinge zu Ende denkt und die Menschen im Blick hat und nicht das Befolgen irgendwelcher abstrakter Prinzipien…" Richtig, habe ich innerlich applaudiert. Nur ist mir auch klar, dass man denselben Satz auch gegen Putin schleudern könnte. Sie setzt bei den Leuten, die sie hören, ein gewisses Wissen voraus. Sie selbst hat es und viele andere auch, aber die Mehrheit hat es nicht, längst nicht mehr oder gar nie gehabt. „… mittlerweile stellt sich die Sache so dar, als grenze es an Verrat, Diplomatie ernsthaft ins Spiel zu bringen…" Dieser Satz lässt sich nicht gegen Putin schleudern, denn Diplomatie versucht der seit Beginn seiner Amtszeit und bietet sie auch seit Februar 2022 weiter an. „Politischer Konsens aber ist immer der Beginn von Faschismus, ganz gleich welcher Art… Zur Blickwinkelerweiterung gehört eben auch, sich klarzumachen, wie viele Milliarden Menschen in anderen Erdteilen leben, mit völlig anderen Interessen. Und nicht so zu tun, als hätten WIR – was immer das sein soll – die Deutungshoheit der globalen Prozesse. Den Menschen in Indien, dem Sudan oder Lateinamerika ist vollkommen egal, ob die Krim zu Russland oder der Ukraine gehört und es ist also völlig anmaßend, uns dafür auf einen atomaren Weltkrieg zusteuern zu lassen…" Und das, Frau Krone-Schmalz, ist brillant formuliert und geht klar an die richtige Adresse. Vor ca. anderthalb Jahren hatten die Journalistin und ich begonnen, über gemeinsame Auftritte nachdenken zu wollen. Wir hatten unsere Gedanken, Beobachtungen und Befürchtungen ausgetauscht und Gemeinsamkeit erspürt. Sie wollte noch ein paar Wochen Luft holen, sich dann melden. Dann kam, was wir längst befürchtet hatten. Russland griff in die ukrainische Russenhatz und den Krieg im Donbass ein. Frau Außenministerin – ich will ihren Namen hier einfach nicht hinschreiben, weil ich ihn dann von mir selbst zu lesen bekäme – hat in vier Minuten Presseerklärung dreimal das Wort „Russischer Angriffskrieg" untergebracht. Dabei war es in Wirklichkeit ein Eingreifen in eine Schmach, die den Russen und „Russlandverstehern" dort seit nunmehr knapp zehn Jahren angetan wird. Aber dazu hatten die deutsche Politik, der europäische Westen und ihr amerikanischer Pate billigend geschwiegen und es damit unterstützt. Schnell hat Deutschland dann alle Medien verbannt, die den Menschen eine ausgewogene und faktenbasierte Sicht hätten ermöglichen können. Schnell wurde das Grundgesetz mit neuen Paragraphen gefüttert, die allein schon den politischen Widerspruch in unserem Land unter Strafe zu stellen vermögen, schnell wurde jeder stigmatisiert und diffamiert, der sein Wort gegen die Eskalationspolitik der BRD erhob. Demonstranten, Journalisten, Politiker, Künstler. Teile und herrsche! Des alten Satzes von Dschingis Khan hatte sich die Bundesregierung schon während der Corona-Krise erinnert und bedient. Und er funktioniert besonders bei uns Deutschen bestens. „Der größte Lump im ganzen Land, das ist und bleibt der Denunziant." Das wusste schon Hoffmann von Fallersleben Mitte des Neunzehnten Jahrhunderts zu benennen und Heinrich Heine hat Gedichte und Aufsätze über die Mentalität der Deutschen verfasst, in denen er vor der deutschen Bereitwilligkeit warnte, sich den Staatsdoktrin kritiklos anzudienen, Widerständler auszugrenzen und sogar anzuzeigen oder gleich selbst öffentlich an den Pranger zu stellen und einem politischen Konsens, voll nichtsahnender Überzeugung hinterherzumarschieren. Und soll ich nochmal Frau Krone-Schmalz zitieren? „Politischer Konsens ist immer der Beginn von Faschismus, ganz gleich, welcher Art." Dass Heinrich Heine Recht behielt, erwies sich in zwei deutsch und schließlich faschistisch geführten Weltkriegen, die wiederum Dichter wie Bertolt Brecht laut werden ließen, wofür man ihn – wie auch schon Heine – zu jagen begann. Und dieses Mal floh ein deutscher Dichter mit vielen anderen um den halben Erdball vor der deutschen (Wehr)Macht.

Siebzig Jahre lang nun hatte sich bundesdeutsche Politik als Erbin all dessen zu schämen und demütig zu verhalten. Aber im Hintergrund wurde unaufhörlich daran gearbeitet, wieder mitspielen zu dürfen. Irgendwann würde ja schließlich der Tag kommen, wo man das „Potsdamer Abkommen" über den Haufen werfen und sich wieder an die Spitze derer setzen dürfte, die noch immer an der Korrektur der letzten verlorenen Kriege gegen Russland interessiert waren. Frau Außenministerin nutzte noch ein Wort mehrfach in den vier Minuten – „wehrhaft". Klingt doch schon fast wieder wie „Wehrmacht". Und wer werden die sein, die vor der neuen „Wehrhaftigkeit" Deutschlands in naher Zukunft zu fliehen haben? Angekommen bei den Künstlern sind wir ja schon. Noch verbrennen wir keine Bücher aber russische Autoren verschwinden aus Spiel- und Lehrplänen, man spricht über die Umbenennung des Gorki-Theaters in Berlin, in Riga und anderswo werden Puschkin-Denkmäler abgerissen und wenn russische Opernstars oder Dirigenten keinen Hass-Eid auf Putin schwören wollen, lässt man sie eben nicht auftreten. Aber warum in die Ferne schweifen? Schon während Corona fanden sich einzelne und selbsternannte „Gauleiter", die mit Mailbriefen oder öffentlichen Internetposts zum Boykott von Tino Eisbrenner aufriefen und begannen, Veranstalter unter Druck zu setzen, um mir die bisher erfolgreich bespielten Bühnen zu verwehren. Weil Eisbrenner schließlich „menschenverachtend" seine Stimme gegen bestimmte Corona-Maßnahmen erhoben hatte. Z.B. gegen die Ausweisungspolitik in Mecklenburg-Vorpommern, meiner Wahlheimat. Oder dagegen, dass man getestete Ungeimpfte nicht am gesellschaftlichen Leben teilhaben ließ, während man Geimpften – trotz des Wissens, dass sie ebenso Träger und damit Verbreiter des Virus sein konnten – vollkommen ungetestet die Big-Lebens-Partys feiern ließ. Darauf hinzuweisen und sich gegen solchen Unsinn zu positionieren, war in den Augen so manch eines Corona-Gau-Wächters also „menschenverachtend". Und dieser ungeimpfte Querulant Eisbrenner war nun auch noch „Putinversteher"?! Schon fanden sich neue „Gauleiter", die auch das ahnden wollten und seit Anfang 2022 gegen mich bei Veranstaltern hetzten. Einen von ihnen zur Rede gestellt, böllerte der mir entgegen: „Ha ha, ist ja komisch! Wie erklärt sich denn, dass unter den Russlandverstehern so eine Menge von den Querulanten aus der Coronazeit stecken?!" „Ganz einfach", sagte ich, „weil das in der Mehrheit eben auch diejenigen sind, die gelernt haben, den ausgerufenen „Wahrheiten" der Politik zu misstrauen und sie wie einen falschen Silbergroschen dreimal zu prüfen."

Die meisten meiner Veranstalter lassen sich durch das Künstlerbashing nicht beirren. Aber es gibt auch einige, von denen ich, selbst nach mehrmaliger Nachfrage für Gastspiele, einfach ignoriert werde. Ob aus Überzeugung oder Befürchtungen für das eigene Haus, kann ich nicht einschätzen, denn wo kein Gespräch stattfindet, kann man ja nur vermuten. Aber gibt es das wirklich erst seit 2022?

Bei der Frühjahrsbuchmesse in Leipzig 2019 präsentierte der NORA-Verlag mein Buch „Das Lied vom Frieden", in dem ich von meinen musikalischen Reisen als „Brückenbauer" durch Russland, Georgien, Belarus, Polen, auf die Krim, nach Tschechien etc. erzähle und die Friedensbewegung in Deutschland und ihre nicht vorhandene Förderung durch deutsche Politik spiegle. Zum Thema Russland gab es auf der Buchmesse noch eine zweite Veröffentlichung, nämlich die der russisch-amerikanischen Journalistin Masha Gessen mit dem Titel „Die Zukunft ist Geschichte", in der sie am Beispiel von vier Lebenswegen, dem Russland nach Jelzin die dunkelste Gegenwart bescheinigt. Ich muss nicht erwähnen, dass man mit der Wahl von vier Personen unter 143,4 Millionen wohl jedes Land zu allem machen kann, was man nur will. Für erwähnenswert aber halte ich, dass Frau Gessen für ihr Werk den „Leipziger Buchpreis zur Europäischen Verständigung", dotiert mit 60.000 €, bekam, während man mein „Lied vom Frieden" nicht einmal der Erwähnung für wert befand. 2019 – nicht 2022! Im selben 2019 bekam ich in Sankt Petersburg – und ich konnte, wegen einer Konzertverabredung in Löcknitz, nicht einmal persönlich anwesend sein – den Kunst-Friedens-Preis „Master". Ich bekam ihn als erster Ausländer und also auch erster Deutscher überhaupt. Eine riesige Handreichung von russischer Seite (Kirche und Staat). In Deutschland war genau eine Zeitung des Mainstreams bereit, darüber zu berichten. Ansonsten schwieg der Blätterwald. Deutsche Politik und ihre Medien 2019!

Die Zusammenarbeit mit Gabriele Krone-Schmalz kam bisher nicht zustande. Stattdessen hörte ich im Frühjahr 2022, dass ihre Bücher, die sich immer für eine klare Sicht auf Russland und faktenbasierte Meinungsbildung engagiert hatten, nun nicht weiter veröffentlicht werden sollten. Die Autorin selbst erklärte öffentlich, dass die Aussagen ihrer Bücher nun zu massiv missverstanden werden könnten und womöglich einer Überarbeitung bedürften. Und ich konnte mir vorstellen, was sie damit meinte – Angst. Politik und Medien riefen zum Kriegstanz und warum sollte sie das erste Opfer sein wollen. Schön, dass sie wieder Mut gefasst und einen Weg gefunden hat, öffentlich zu sprechen. „Demokratie kann nur funktionieren, wenn alle Menschen begreifen, dass sie sich mit ihrer faktenbasierten Meinung einmischen müssen." (GKS)

Und damit bin ich wieder ganz bei mir – dem Eisbrenner. Wie weit wird der denn wohl gehen, um sich sichtbar einzumischen? Morgen in aller Frühe rase ich zweieinhalb Stunden nach Schwerin, um dort auf der Friedensdemonstration zu singen. Die wievielte das inzwischen ist, weiß ich nicht. Letzte Woche bei Wind und Wetter in Potsdam gestanden, mit Sevim Dagdelen, die sogar dort spricht, wo sich ihre Partei DIE LINKE abmeldet, weil das Friedensbündnis ablehnt, die Konsens-Phrasen, wie „aggressiver Angriffskrieg" herunterzubeten. Sevim kommt trotzdem, sagt, was gesagt werden muss. Einer von wenigen Leuchttürmen, die der Partei noch geblieben sind. Teile und herrsche, hat auch hier funktioniert.

In Russland war ich seit Anfang Corona nicht. Fast wäre ich noch extra, das heißt, ohne Konzertengagement, dorthin geflogen, um mich impfen zu lassen. Denn grundsätzlich war ich kein Impfgegner. Aber Deutschland erkannte ja „Sputnik" einfach nicht an. Wirtschaftskrieg, während von größter Not durch Corona die Rede war? Ab hier wurde ich stutzig! Millionen Menschen auf der Welt wurden mit „Sputnik" geimpft. Aber doch nicht in Deutschland! Wir warteten brav und unter Verlusten, bis die Amerikaner soweit waren. Und so wird es auch weiter sein in der deutschen Russlandpolitik. Wenn das so ist, sagte ich mir, dann stimmt das ganze Narrativ von der unbedingten Notwendigkeit an Impfungen gegen Corona doch nicht. Dann hauen sie uns hier womöglich die Taschen voll, um ihre Geschäfte zu machen. Und genau dafür würde ich mich nicht hergeben. Ich beschloss, mich überhaupt nicht impfen zu lassen.

Also bin ich nicht geflogen. Einladungen gab es. Aber ungeimpft durch internationale Flughäfen? Danke nein. Die Verbindungen blieben jedoch und Anfang dieses Jahres kam die Offerte, mich doch vielleicht für die Teilnahme am Festival „Дорога на Ялту" (Der Weg nach Jalta) zu bewerben. Ein internationaler Contest, der ursprünglich auf der Krim stattfand, aber dieses Jahr nach Moskau verlegt worden sei – und zwar in den Kreml. Dies im Vorfeld der jährlichen Feierlichkeiten zum Ende des „Großen Vaterländischen Krieges", wie man im postsowjetischen Raum den Kampf der Sowjetarmee gegen Hitlerdeutschland nennt. Im Wettbewerb ginge es um Nachdichtungen russischer „Lieder des Krieges".

Nebenbei bemerkt: Hier kann man leicht einem klassischen Übersetzungsfehler erliegen, denn mit „военные песни" sind eben Lieder gemeint, die während des Krieges (und auch danach) oder über den Krieg geschrieben wurden und allesamt Friedenslieder waren und sind.

Auf den Bewerber- und Teilnehmerlisten der vergangenen Jahre finde ich Amerikaner, Franzosen, Engländer, Italiener, Schweden, Mongolen, Polen, Israelis, Inder... und 2019 sogar einen Deutschen. Ein ostdeutscher Liedermacherkollege war dort, damals noch auf der Krim – und keiner hat's erfahren.

Das Anfangsprozedere war einfach.

Man bewirbt sich mit einem Video einer eigenen Nachdichtung eines bekannten Liedes. Und weil ich ja sogar russische Bardenhits in Deutsch singe, schickte ich mein „Lied vom Freund" (песня о друге), das von Wladimir Wyssotzki stammt und in Russland jedem bekannt ist. Überrascht war ich nicht, als ein paar Wochen später die Antwort kam. Gratulation, Sie sind in der zweiten Runde – wir laden Sie herzlich nach Moskau zum Wettbewerb ein.

Und damit war nun klar: Ich muss Farbe bekennen und mich positionieren. Das Thema ist inzwischen größer, als zur Zeit der Teilnahme meines deutschen Kollegen im Frühlingslicht der Krim. Ich werde ein, nein der deutsche Sänger sein, der 2023 im Kreml gesungen hat. Nach deutschem Maß ein absolutes „NO GO"! Huch, warum habe ich da hier den anglo-Begriff gewählt? Ach so, ja....

Was mache ich? Sage ich den Russen, nee Kinder, das geht nun derzeit wirklich nicht? So hatte ich im Mai 2022 auf Konzertangebote nach Russland reagiert. Zu groß war hierzulande die russophobe Hysterie damals. So unerträglich, dass ich einen Promintenaufruf entwarf und als „Gallionsfigur", im Namen Gleichgesinnter für seine Veröffentlichung, auch als Petition, sorgte. Er lautet folgendermaßen:

Kultur ist Frieden – Frieden braucht Kultur

Offener Brief
an den Bundespräsidenten Deutschlands Frank-Walter Steinmeier,
an den deutschen Bundeskanzler Olaf Scholz
und die amtierende Bundesregierung
sowie an die Beauftragte der Bundesregierung für Menschenrechtspolitik und humanitäre Hilfe, Luise Amtsberg

Sehr geehrte Damen und Herren

Wir Kultur- und Kunstschaffenden sowie Freunde und Sympathisanten, wenden uns mit diesem offenen Brief besorgt und bestürzt an die Politik und Öffentlichkeit, denn wir spüren, dass die Demokratie und freiheitliche Gesellschaft unseres Landes in eine gefährliche Schieflage gerät. Indikator dafür ist die schockierende Eskalation von Diskriminierung und Herabwürdigung russischsprachiger Bürger in unserem Lande, deren Spirale sich praktisch täglich weiter ins Uferlose schraubt.

So, wie wir Bestürzung über die, durch die russische Strategie forcierte Eskalation des jahrelangen Ukrainekonfliktes empfinden, fühlen wir nun gleichsam Scham über die deutsche Reaktion auf diesen Krieg, die in einem bisher nie gekannten Ausmaß an Empörung ihre Blüten schlägt.

Russland kann und muss diesen militärischen Konflikt beenden. Das wollen auch wir. Aber es liegt auf der Hand, dass die bisherigen deutschen und europäischen Reaktionsexzesse das Gegenteil provozieren, mindestens jedenfalls dazu beitragen, eine Befriedung zu verzögern, statt sie herbeizuführen.

Viele russisch-deutsche Vereinigungen, die zur Förderung der wirtschaftlichen, humanitären und kulturellen Beziehungen zwischen den beiden Ländern gegründet wurden, stehen kurz vor dem Zusammenbruch. Deutsch-europäische Firmen, die mit Handel einen wichtigen Beitrag für gutnachbarliche Beziehungen leisteten, werden von deutscher Seite in den Ruin befohlen. Mit völlig ungebremster Sanktionierung Russlands werden billigend auch Inflation und der Niedergang deutscher Wirtschaft und damit deutschen Wohlstandes in Kauf genommen, während das Waffengeschäft brummt und die Rüstungslobby sich die Hände reibt. Wie kann das sein?

Verstörende Signale empfangen wir aber auch aus der kulturellen Landschaft: Russischen Weltstars wie der Opernsängerin Anna Netrebko und dem Dirigenten Valery Gergiev wurden die Verträge gekündigt, weil sie sich nicht „ausreichend“ gegen ihre Heimat positionierten. Im europäischen Deutschland des 21. Jahrhunderts – in dem die Rede- und Mei-

nungsfreiheit für alle Bürger durch das Grundgesetz garantiert ist – werden verdienstvolle Kulturschaffende buchstäblich gezwungen, zu politischen Ereignissen verordnete Partei zu ergreifen. Wenn sie sich weigern, werden sie entlassen.

In europäischen Schulen werden Werke russischer Klassiker wie Puschkin oder Tolstoi aus den Lehrplänen gestrichen. Aufführungen von russischen Komponisten und Theaterstücke russischer Autoren werden verboten oder in vorauseilendem Gehorsam „vermieden".

Menschen werden bedroht, beleidigt, gedemütigt, ihr Eigentum wird verwüstet, sie werden in den sozialen Medien beschimpft und offen aufgefordert, Deutschland zu verlassen.

In Lebensmittelgeschäften und Restaurants wird Russen die Bedienung verweigert. Und die Medien verwenden das Wort „Russe" bereits als Synonym für „Aggressor" und schüren damit den ethnischen Hass. Solcherlei muss dringend gestoppt werden!

„Die Menschen vermeiden es bereits, auf der Straße Russisch zu sprechen. Das macht mir große Sorgen. Es gibt Fälle von Angriffen auf russische Geschäfte, russischsprachige Kinder werden in den Schulen schikaniert. So etwas können wir nicht dulden", sagte auch Reem Alabali-Radovan, Staatsministerin für Migration und Integration, sowie Antirassismus-Beauftragte der Bundesregierung.

Nach Angaben des deutschen Bundeskriminalamtes werden im Land der Dichter und Denker jede Woche mindestens 200 Straftaten gegen russischsprachige Bürger begangen.

Für kritisch denkende und kulturinteressierte Europäer sind auch Entscheidungen, wie die des Weltverbandes der internationalen Musikwettbewerbe, den internationalen Tschaikowsky-Wettbewerb aus seinen Reihen zu streichen, vollkommen unerklärbar. Denn es handelt sich dabei nicht nur um einen der weltweit bedeutendsten klassischen Musikwettbewerbe, sondern auch um einen weltumfassenden Vermittler humanistischer Werte, dessen Bedeutung weit über die Grenzen des Landes hinausreicht. Als beispielsweise mitten im kalten Krieg der herausragende amerikanische Pianist Van Cliburn den Wettbewerb in Moskau gewann, *war dies ein friedensstiftender Akt durch die Kunst. Von Gideon Kremer bis Dmitry Schostakovitsch sind viele bedeutende Künstler untrennbar mit dem Tschaikowski-Wettbewerb verbunden.*

Entscheidungen, solche hochkarätigen kulturellen Brücken niederzureißen, werden sich wohl nicht auf die Entwicklung der Kultur in Russland auswirken, ganz sicher aber auf die unsere.

Wir wollen nicht hinnehmen, dass gerade die Kultur, als eines der höchsten menschlichen Güter, stranguliert, missbraucht und ihrer friedenstiftenden und völkerverbindenden Kräfte beraubt wird.

Was ist der nächste Schritt des „kulturellen Europa"? Öffentliche Verbrennung von Büchern russischer Herkunft auf den großen Plätzen der Städte? Wohin will die deutsche Politik die Spirale noch schrauben?

Und wo bleiben hingegen die politisch klugen, die diplomatischen, die humanistischen Ideen, mit denen der kriegerische Konflikt zwischen der Ukraine und Russland unter zunehmender Beteiligung des Westens, beendet werden kann? Im Sinne und Interesse aller Völker Europas und der Welt?! Es muss unser aller Interesse sein, das Verbindende zwischen Russen und Ukrainern zu fördern, anstatt zu ihrer vollkommenen und unversöhnlichen Entzweiung beizutragen.

Wir, die Unterzeichnenden, fordern ein sofortiges Umdenken der deutschen Politik und deutscher Medien, um der ausufernden Russophobie in Deutschland und Europa entgegenzuwirken.

Wir ersuchen den Bundespräsidenten und das Bundesverfassungsgericht, die Verletzungen des Menschenrechtes auf Meinungs- und Anschauungsfreiheit zur Kenntnis zu nehmen, zu unterbinden und rechtschaffene Bürger vor Hassattacken zu schützen.

Wir fordern, dass Behörden und sonstige staatlichen Stellen es unterlassen, ethnischen Hass gegen Russen, alles Russische und Russland Zugewandte zu schüren.

Stattdessen müssen alle möglichen Maßnahmen gegen Verhetzung und kriminelle Vorkommnisse ergriffen werden, um weiterhin dem Austausch von Kulturen und den ihnen innewohnenden friedenstiftenden Kräften Raum zu geben.

Frieden beginnt in uns. Frieden ist keine Einbahnstraße aber Krieg ist immer Sackgasse! Frieden muss für die Völker gemacht werden – nicht gegen sie.

Kultur ist Frieden – Frieden braucht Kultur.

Hochachtungsvoll,
Tino Eisbrenner (Songschreiber, Sänger, Autor)
Friedensgesellschaft Musik statt Krieg e.V.

Also was? Nehme ich die nach Deutschland und den Deutschen einmal mehr hingestreckte Hand und fahre als Kulturbotschafter, Brückenbauer, Friedensengel, Diplomat, Künstler? Wäre das nicht das, was ich schon jahrelang tue und woher auch meine Kenntnis der Lage rührt?

Und was ist, wenn sie mich dann vor den Staatsanwalt zitieren, wie Bruno Mahlow oder Heinrich Bücker, die ich aus der Friedensbewegung kenne? Habe ich genug Argumente?

Wie wäre es mit der „Freiheit der Kunst" (§5 Grundgesetzbuch)? Und wofür sind wir 1989 auf die Straßen gegangen und haben uns anschließend den Versprechen der bundesdeutschen Demokratie hingegeben? Reisefreiheit – und jetzt soll mir wieder der Staat sagen, wohin ich reisen darf und wohin nicht? Meinungsfreiheit – und jetzt will mir wieder ein Richter vorschreiben, was ich zu denken und zu äußern habe? Pressefreiheit – und nun will man die Presse zwingen, nur noch das zu erzählen, was in die Doktrin des Staates passt?

Wie viele Kriege haben die USA allein in den letzten dreißig Jahren geführt? Und wie viele der berühmtesten Künstler sind währenddessen unbescholten im Weißen Haus aufgetreten? Und in Deutschland soll sich einer dafür rechtfertigen müssen, dass er im Staatlichen Kremlpalast auftritt?

Das will ich sehen! Ich glaube, ich muss dorthin. Ich habe regelrecht die demokratische Pflicht, das Mandat anzunehmen und zu den Menschen des Landes zu reisen, das meine Regierung so hartnäckig bekämpfen lassen möchte. Und mir ist nicht entgangen, dass man zu diesem Zweck Wladimir Putin bereits gern mit Adolf Hitler gleichsetzt – dem deutschen Kanzler, der die Menschen seines ihm anvertrauten Volkes in einen Krieg stürzte, mit dem er die ganze Welt überzog und sich untertan machen wollte?!

Auf keinen Fall werde ich diesem Treiben zusehen und auf keinen Fall darf ich die gereichte russische Hand ausschlagen. Ich will zu ihnen reisen. Ich will meinen Leuten zu Hause einmal mehr erzählen, was ich mit Russen erlebe und zwar von Anfang an. Und ich will auch dort mit meiner Anwesenheit dafür sorgen, dass das Bild, das die Russen vom heutigen Deutschland haben könnten, wenn sie die Sprüche der Außenministerin, des Kanzlers oder der unsäglichen Präsidentin der Europäischen Kommission hören, durch einen Vertreter unserer Kultur wenigstens etwas ausbalanciert wird. Das bisschen Mut bringe ich auf, dachte ich. Und das ist nun knapp drei Wochen her. Ab jetzt schreibe ich in der Gegenwart. Draußen regnet es nicht mehr. Die Kraniche sind da!

Боже мой (oh mein Gott)!

Ha! Von wegen Gegenwart. Ich will ja nicht verschweigen, was in den drei Wochen auf mich zukam, seit ich also meinerseits meine Zusage gegeben hatte, nach Moskau zu fliegen und der deutsche Teilnehmer des Festivals „Дорога на Ялту" zu sein. Denn ich habe noch nie ein Festival oder eine große Fernsehshow bestritten, dass seine Teilnehmer mit derart anspruchsvollen Vorbereitungsmaßnahmen in die Pflicht nahm.

Zuerst stellten sich die Macher der Show vor, mit denen wir in den kommenden Wochen vor allem zu tun haben würden. Alles Frauen. Alexia, die Organisatorin. Polina, die Regisseurin. Olga (Li Otta), die Orchesterchefin. Sie kommunizierten weltgewandt in English und ersuchten uns, in einen WhatsApp Chat einzusteigen, um jede Information – was sie eher meinten, heißt Aufgabe – immer gleich allen geben zu können. Die meiste Empathie las ich bei Alexia heraus, sehr freundlich und zugewandt. Olga, die Musikerin, verliert kein Wort zu viel. Sag mir, schick mir, prüf mal. Durch die Profilbilder konnte ich einen ersten optischen Eindruck versuchen. Alle drei schöne Frauen! Olga mit vielleicht kasachischen Wurzeln. Alexia, eine junge Frau mit langer dunkler Lockenmähne. Und Polina Berten, eine typisch russische stolze Schönheit mit diesem Hang zur Unnahbarkeit. Ich konnte mir sofort vorstellen, wie sie als Regisseurin agieren würde.

Die Chatidee gefiel mir nicht wirklich, denn ziemlich schnell stellte sich heraus, dass die allgemeinen Anforderungen doch immer wieder individuelle Fragen nach sich zogen, die dann auch individuell behandelt werden mussten. Am Anfang ging es nur um die Verschickung von Vitas und Fotos für die Werbung und die Programmhefte. Die Vitas dann bitte auch auf Russisch oder Englisch. Obwohl ich eine russische Muttersprachlerin zur Frau und dazu eine russische Schwiegermutter und einen, der russischen Sprache übermächtigen Schwiegervater habe, hielt ich es für besser, das Ganze möglichst erstmal dienstlich zu betrachten und zu erarbeiten und setzte also meine dienstliche Geheimwaffe in persona meiner Freundin Sigrid ein, die ebenfalls des Russischen überaus mächtig ist und mir bereitwillig seit Jahren die kniffligen Kommunikationen meiner russisch-deutschen Büroarbeit übersetzt. Ich verstehe ja ganz gut die russische Sprache des Alltags und kann auch viel sagen. Aber wenn's ordentlich und offiziell sein muss, brauche ich noch immer Hilfe.

Ab der nächsten Aufgabe begann es technisch zu werden. Gefordert wurde ein kurzes Vorstellungsvideo von einer Minute, das dann in der Show des ersten Abends auf der großen Leinwand laufen solle, bevor man zum ersten Mal vor das Publikum tritt. Interessant, dachte ich, die gehen davon aus, dass man mal eben schnell ein Video-Team engagiert. Ob den anderen Sängern das auch aufstößt? Ab hier intensivierte sich die Kommunikation mit der Regisseurin Polina Berten. Sie fügte dabei der Einfachheit halber, ihrem stolzen Bild, ihre meist müde Stimme hinzu, weil sie sich der Funktion der Sprachnachricht bediente. Und zwar auf Russisch. „Tino, ich habe gehört, Sie verstehen Russisch. Es reicht aus, wenn das Video von einem Handy gemacht wird. Wichtig ist, dass es ... HD-Qualität hat..." Na wunderbar, dachte ich, was weiß ich denn von HD und irgendwelchen Pixelgrößen? In solchen Fällen fragt man am besten keine weisen alten Männer, sondern 15jährige Teenager. Haben wir zu Hause und tatsächlich, das Video wurde gedreht und geschnitten vom Kind, das nicht schlecht stolz war, als seine Mutter verkündete, dass diese Arbeit im Kreml gezeigt werden würde.

Die nächste Aufgabe legte noch einen Zacken drauf. Es würde einen Finalsong geben, dessen Playback in den nächsten Tagen bei uns einfliegen würde. Festgelegt, wer welche Zeile in seiner eigenen Sprache zu singen hätte und dann den letzten Refrain alle zusammen auf Russisch. Wir hätten unsere Zeile nachzudichten, im

Studio an der entsprechenden Stelle des Liedes einzusingen, auch den russischen Refrain einzusingen, die Gesangsspur dann einzeln nach Moskau zu senden und anschließend mit dem Playback ein Video vor einer schwarzen Wand aufzunehmen (dieses Mal aber nicht mit Handy), auf dem wir das Eingesungene playback performen. Man würde dann in Moskau all diese Videospuren zusammenschneiden zu einem Video.

Durch die Zuordnung der Gesangszeilen konnte ich nun zum ersten Mal einen Blick auf die Namen und Herkunft der anderen Teilnehmer werfen.

Algerien, Mongolei, Griechenland, Israel, USA, Frankreich, Indien, Ungarn, Serbien, Zimbabwe, China, Indonesien, Italien, Türkei und ich (Deutschland). Der Amerikaner ist kein Geringerer als Art Garfunkel jr.

Was das Finallied betrifft, hatte ich Glück, denn „Тёмная ночь" habe ich vor zwei Jahren schon nachgedichtet und singe es als „Dunkel der Nacht" in meinem aktuellen PUSCHKIN-Programm.

Dunkel der Nacht – Тёмная ночь

(из кинофильма „Два бойца", 1943)

Dunkel der Nacht, nur Gewehrläufe speien ihr Licht
Und im Summen des Windes erwacht,
was die Steppe mir singt
Dunkel der Nacht, und ich stell es mir vor, Dein Gesicht
Hast Du grad Deinen Tränen verwischt?
Schläft es schon, unser Kind?

Tief wie das Meer war Dein Blick, der mich trug bis hierher
So gern wär ich dort und
küsste all Deine Traurigkeit fort.

Dunkel der Nacht.
Fort von Euch hat der Krieg mich gebracht
All die Tage im Wüten der Schlacht.
Und im Dunkel der Nacht.

Dunkel der Nacht, wieder halt' ich Dein Bild in der Hand
Hab in Dir alle Hoffnung gebannt,
alle Sehnsucht und Liebe
Dunkel der Nacht, und ich weiß, Ihr dort wartet auf mich
Und ich hier, ich vertraue auf Dich
Was schon sonst wiegt noch mehr?

Sterben ist leicht, wenn der Tod jede Mahlzeit Dir reicht
Doch mich lässt er aus,
weil er weiß, nach dem Krieg komm ich nach Hause
Dunkel der Nacht. Kameraden, der Liebe gedacht
Sie hat uns durch die Schlachten gebracht
und unsre Seelen bewacht.

Ты меня ждёшь и у детской кроватки не спишь
И поэтому знаю: со мной ничего не случится!

Anspruchsvolle Vorbereitungen trotzdem, dachte ich wieder. Zum Glück hatte ich gleich zu Beginn der Corona-Lockdown-Politik konstruktiv gehandelt und Studio- + Videotechnik angeschafft. Beides mit der finanziellen und fachlichen Unterstützung von Sigrid und ihrem Mann Dirk. Das Video zu „Dunkel der Nacht" konnten wir also technisch einwandfrei herstellen. Den schwarzen Vorhang und Zeit zum Drehen bekamen wir im Berliner „Theater OST". Das Tonstudio steht eingebaut bei mir zur Verfügung, nur braucht es trotzdem einen Tonmann, der die Aufnahmen macht. Also meinen Lieblingstontechniker herbeigerufen, mit dessen Know How ich schon sämtliche Alben, die im Songlandstudio entstanden sind, aufgenommen habe. Natürlich, er kommt gern und zuverlässig, aber Geld kostet das immer. Ob denen in Moskau klar ist, was sie den teilnehmenden Künstlern da aufbrummen? Für alle werden Kost und Logis übernommen aber doch nicht die Kosten für Studio und Videoproduktionen im Vorfeld. Da werden die meisten Kollegen dran würgen.

Nun, sei es drum. Es kam ja noch eine Aufgabe drei dazu. Die Hauptaufgabe nämlich – der Wettbewerbssong.

Dieser wird, nach Festivalteilnahmebedingungen, nicht vom Teilnehmer gewählt, sondern von der künstlerischen Leitung des Festivals vergeben und die Nachdichtung wird gleich mitgeliefert. Dies war der Augenblick, wo ich unbequem wurde. Mit dem für mich ausgewählten Lied war ich einverstanden, obwohl ich es nicht für hundertprozentig ideal hielt, weil man eigentlich, um es zu singen, in die Rolle eines sowjetischen Soldat schlüpfen muss oder wenigstens nicht ausgerechnet ein Deutscher sein sollte.

Ich meine, wir hatten mal Zeiten in einem Teil Deutschlands, wo es kein Problem war, sowjetische Friedenslieder auf Deutsch zu singen und dabei in die Rolle der ehemaligen Kriegsgegner zu schlüpfen. Wir hatten Freundschaft geschlossen und schon unsere Schulkinder in beiden Ländern wurde die Verbundenheit und der Friedenswille zwischen unseren beiden Völkern gelehrt. Wir hatten verstanden, welches Leid Deutschland über die Menschen der Sowjetunion gebracht hatte und wie wenig sie es uns mit gleicher Münze heimgezahlt hatten. Natürlich schloss dieses WIR nicht jeden einzelnen DDR-Bürger ein. Natürlich gab es auch bei uns Menschen, in deren Herzen die sowjetische Kultur und die sozialistische Idee keinen festen Platz fand. Oft waren das Menschen, deren eigene Vorfahren durch vormals geprägte deutsche Ideologie oder durch Verbitterung und schlechte Erfahrungen aus dem zweiten Weltkrieg unversöhnlich geworden waren und diese Haltung an Kinder und Enkel weitergaben. Oder Menschen, die mit sozialistischen Ideen oder auch bloß mit dogmatischen Funktionären und falschen Entscheidungen kollidiert waren und daraus unversöhnliche Ablehnung entwickelt hatten. Oder Leute, die durch Westverwandtschaft jenem anderen Einfluss unterlagen, die „Zonensender" (wie man DDR-Medien abschätzig nannte) ablehnten, russische Schriftsteller nicht lesen wollten und dadurch, genau wie die meisten „Wessis" gar nicht verstehen *konnten*, worin die Idee bestand und was die neue Ästhetik der Bilder, der Sprache, der Musik, des Denkens und Handelns überhaupt vermittelte. Aber auch diese Menschen wurden mindestens durch ihre schulische Bildung an einen wichtigen gemeinsamen Nenner angeschlossen. Nie wieder soll Krieg von deutschem Boden ausgehen, nie wieder Krieg mit Russland bzw. der Sowjetunion oder auch nur irgendeinem Land der Welt. Und mit diesem Bodensatz an Selbstverständnis konnten auch wir Deutschen Lieder über den Kampf der sowjetischen Soldaten ebenso singen wie solche über den Freiheitskampf der afrikanischen Sklaven in Amerika.

Nun aber haben wir andere Zeiten und trotzdem wollte ich versuchen, das Lied anzunehmen und zu singen. Nicht aber mit einem Text, den nicht ich selbst gedichtet hatte. Ich schrieb also liebevoll an Alexia, dass sie doch bedenken sollten, wen sie da aus Deutschland eingeladen hätten, fügte ein paar Beispiele meiner Nachdichtungen aus dem Russischen an und bat charmant energisch darum, meine Nachdichtung selbst machen zu dürfen. Auch sie sollte anschließend rückübersetzt, dann im Studio auf ein Demoplayback von Olga eingesungen werden, um danach als einzelne Tonspur nach Moskau geschickt zu werden. Es dauerte zwei Tage, bis sie mir antworteten, dass sie sich freuen würden, wenn ich meine Nachdichtung selbst machte. Gesagt, getan.

На безымянной высоте

Musik Вениамин Баснер/Text Михаил Матусовский
deutsche Nachdichtung: Tino Eisbrenner

Auf jener namenlosen Höhe
Der kleine Wald vor'm Bergfuß brannte
Fast wie der Sonnenuntergang
Von jenen Siebzehn, die ich kannte
Hielten noch zwei mit mir den Hang.
Die meisten uns'rer besten Freunde
Sie blieben liegen irgendwo dort.
Auf jener namenlosen Höhe
Bei jenem unbekannten Ort.

Es sank die Leuchtrakete nieder
So wie ein Stern im Sturz vergilbt
Wer das je sah, verliert nie wieder
Die Traurigkeit aus diesem Bild.
Wird nie vergessen, nie vergessen
Des Angriffs wütenden Akkord
Auf jene namenlose Höhe
Bei jenem unbekannten Ort.

Und über uns kreisten die „Messer"
Und es war hell, als wäre Tag
Wir aber hielten uns noch fester
Und hielten stand mit einer Flak
Egal, wie schwer es kommen mochte
Du hieltest Deinem Traum das Wort
Auf jener namenlosen Höhe
Bei jenem unbekannten Ort

Ich sehe oft in meinen Träumen
Uns noch in jenem Unterstand
Aus Heimaterde feste Wände
Und über uns, der Baum, verbrannt.
Als würden wir schon wieder stehen
An jener Feuerlinie dort
Auf jenen namenlosen Höhen
Bei jenem unbekannten Ort.

Schon beim Einsingen der beiden Lieder im Studio wurde mir klar, dass mein erstes Gefühl, „На безымянной высоте" wäre nicht so ganz der geeignetste Song für mich, richtig war. Allein schon, dass diesem Lied, wenn auch dezent, ein Marschrhythmus unterliegt, ist für einen Deutschen, der in deutscher Sprache in Moskau singt, mindestens zu sehr klischeebelastet. Ich äußerte diese Bedenken gegenüber der Regisseurin Polina, die ja in künstlerischen Fragen meine Ansprechpartnerin war. Anhand des nächsten Liedvorschlages, den sie mir daraufhin unterbreiteten, wusste ich dann, dass ich auch inhaltlich ausholen musste. Und ich schrieb an die Festivalleitung folgenden Brief, den ich mir dann akribisch ins Russische übersetzen ließ.

Ihr lieben Organisatoren und Gestalterinnen
des Festivals „Weg nach Jalta",

Ich bedanke und freue mich sehr, dass Ihr Euch jetzt noch einmal neu mit der Wahl meines Liedes im Wettbewerb beschäftigt. Damit macht Ihr Euch zusätzliche Arbeit und das schätze ich sehr, denn ich ahne, wie groß Eure Anspannung bereits sein muss.

Anhand Eures neuen Vorschlages „нас не нужно жалеть..." bemerke ich nun, dass Ihr etwas gesucht und auch gefunden habt, was zu meiner Stimme passt. Danke dafür, aber der Text enthält meiner Meinung nach Passagen, die ein Deutscher nicht so einfach singen sollte.

Und hier offenbart sich das größere Problem, das möglicherweise noch der Amerikaner haben könnte, ich aber in besonderem Maße, weil ich eben Deutscher bin. Es ist die Frage der Verkörperung des Inhaltes – auch in der Art, w i e ich ein russisches Lied über den Großen Vaterländischen Krieg darbiete. Ich möchte nämlich nicht, dass russische Zuhörer das Gefühl haben, dass es mir als Deutschem, historisch und bei der aktuellen politischen Lage, nicht zukommt, bestimmte Lieder zu singen und damit russische Tränen zu vergießen. Ich muss ein Lied in meine Sprache dichten, bei dem Russen sagen können: „Ja, das ist unsere wichtige Friedensbotschaft. Gut, dass er es singt und zu den Deutschen trägt." Und Deutsche müssen denken: „Ja, das ist eine wichtige Friedensbotschaft. Gut, dass er uns dieses russische Lied singt, denn es zeigt uns die russische Seele und hält der deutschen Politik den Spiegel vor."

Dies zu erreichen, ist meine Passion und ich möchte, dass Euch bewusst ist, dass ich dafür sehr viel riskiere. Ein deutscher „Sänger, der für den Kreml singt" riskiert in unserer Zeit sehr viel. Es kann sein, dass ich in den Medien des ganzen Landes dafür „geschlachtet" werde! Ich bin bereit, das auf mich zu nehmen und der Vernunft mutig beizustehen. Wenn bei Euch der Sekt geöffnet und auf ein erfolgreiches Festival angestoßen wird, dann wird für mich eine extreme Zeit des Kampfes beginnen. Darum muss die Botschaft stimmen, die „mein Lied" hat und auch die Botschaft, die das Festival durch meine Teilnahme sendet. Ihr versteht also, dass dies ein hochsensibles Unternehmen für uns alle ist. Mir ist bewusst, dass Euch das eigentlich auch ein bisschen egal sein könnte. Russland und der russischen Kultur wird derzeit sehr viel Unrecht getan – besonders auch aus Deutschland. Ihr hättet jedes Recht, Euch über all das hinwegzusetzen. Aber so wie ich die russische Seele und russische Großmut kennengelernt habe, seid Ihr ebenso interessiert und bereit, aus der Teilnahme „des Deutschen" bei Eurem Festival die beste Botschaft zu formen, ohne ihn dabei zu opfern – besonders nicht seinen politischen Gegnern in Deutschland.

Die Friedensbewegung in Deutschland wird jeden Tag größer. Das erklärt auch, warum ich so viel unterwegs bin zurzeit. Ich trete neben meinen Konzerten bei vielen Friedensdemonstrationen und in Politgesprächen auf. Es gibt leider nur wenige bekannte deutsche Sänger, die das wagen. Eine Woche vor Moskau werde ich noch in Paris sein... Viele deutsche Medien vielleicht werden meinen Auftritt in Moskau nutzen, um mich politisch zu töten. Darum, ich wiederhole mich, muss die Botschaft stimmen und unanfechtbar sein.

Mit diesem Wissen müssen wir gemeinsam das Lied finden.

Ich möchte Euch dieses Lied hier vorschlagen: „Журавли" („Kraniche") Auch für mich heißt das mehr Arbeit. Nochmal dichten, nochmal Studio. Aber ich verstehe, genau wie Ihr, dass sich diese Arbeit lohnt im Sinne der Sache.

Ganz herzliche Grüße nach Moskau. Ich freue mich auf Euch! Tino

Dieses Mal dauerte es nur Stunden, bis eine Antwort kam. Und zwar auf Deutsch.

Lieber Tino!

Sie können sich nicht vorstellen, wie viel uns Ihre Worte und Ihre Teilnahme an unserem Festival wert sind. Wir wissen, welchen Druck alle normalen Menschen heute ertragen, die es wagen, für den Frieden einzutreten. Und wir sind Ihnen unendlich dankbar für Ihre Position und für den Mut, nach Russland zu kommen. Russland betrachtet Deutschland schon lange als seinen Freund – trotz der jüngsten Ereignisse. Aber wenn wir uns an den Zweiten Weltkrieg erinnern, ist es sehr wichtig, das Lied genau auszuwählen. Da haben Sie Recht. Sie sind ein hervorragender Musiker mit einer atemberaubenden Stimme und einem großen Herzen. Die Idee, „Die Kraniche" zu singen, ist genial. Ich bin mir sicher, dass dies, in Ihrer Performance, eine der stärksten Nummern des Programms sein wird. Wir werden versuchen, alle Probleme mit dem Urheberrecht zu lösen und hoffentlich können wir Sie bald in Moskau umarmen!

Mit freundlichen Grüßen,
Ernest Matskavičius
Künstlerischer Leiter des Festivals

Ernest Gedrevich Matskavičius (russ.: Эрне́ст Гедревич Мацкя́вичюс, litauisch: *Ernestas Mackevičius),* so erfuhr ich über Google, wurde 1968 in Vilnius geboren und ist ein russischer Journalist und Fernsehmoderator. Derzeit arbeitet er bei Russia 1 (Россия 1). Schon 2008 wurde ihm der Orden für Verdienste um das Vaterland (Klasse 1) und 2014 der Orden der Freundschaft verliehen.

Sein Vater war Theaterintendant, seine Mutter Journalistin. Er spielt Gitarre...

Sein Brief sprach für sich selbst und unweigerlich versuchte ich mir vorzustellen, die Deutschen würden in dieser Art mit russischen Künstlern umgehen, anstatt sie hierzulande von den Bühnen zu jagen. Und wenn schon der unsägliche Vergleich Putin-Hitler in Deutschland kursiert, dann sei aber auch daran erinnert, dass es während des Zweiten Weltkrieges keinerlei russische Ambitionen gab, Bach, Brahms, Goethe oder Schiller postum zu verbannen! Im Gegenteil, die Namen und Werke solcher deutschen Künstler waren das Mittel, eben die Sympathie für Deutschland nicht völlig aufzugeben. Der von uns viel gehasste Stalin fiel bei den Verhandlungen der Alliierten dem von uns hoch verehrten Winston Churchill in die Parade, der Deutschland ein für allemal ausradieren wollte. „Deutschland wird nicht länger das Land von Hitler sein – aber es bleibt das Land von Bach, Goethe und Einstein", war Stalins Argumentation. Vielleicht auch nicht schlimm, das mal zu erwähnen.

Ok, da schrieb mir nun also der Chef von's Janze? Dann sollte das doch auch klappen.

Aber leider stellte sich schnell heraus, dass das von mir angedachte Lied mal wieder eine besondere Geschichte und also auch besondere Urheberrechtsregelungen hatte.

Die Geschichte des Liedes hat zwei verschiedene Anfänge.
Einer geht so: Im August 1965 besuchte Rasul Gamsatow als Mitglied einer sowjetischen Delegation Hiroshima, aus Anlass des 20. Jahrestages des Abwurfs der Atombombe.

Dort steht ein Memorial, ein Denkmal eines Mädchens, das – einer alten, japanischen Tradition folgend – versucht hat, tausend Kraniche aus Papier zu falten und damit die Strahlenkrankheit zu besiegen. Aber das Mädchen starb, ehe es diese Anzahl von Kranichen zu falten fertigbrachte. Rasul Gamsatow war sehr ergriffen von dieser Geschichte und schrieb nach seiner Rückkehr in die Sowjetunion ein Gedicht „Kraniche", und zwar in seiner Muttersprache awarisch, wobei er aber den Ort der Handlung in seine Heimat verlegte, in Gedenken an die Gefallenen des Großen Vaterländischen Krieges.

Die zweite Version beginnt direkt in der Sowjetunion und bezieht sich auf die Geschichte der Familie Gasdanow. Sieben Brüder, die im Großen Vaterländischen Krieg fallen: bei der Verteidigung Moskaus und Sewastopols und in den Kämpfen von Noworossija und Kiew. Der siebte Sohn fällt schließlich noch bei Berlin, also kurz vor Ende des Krieges. Die Mutter der jungen Männer stirbt vor Gram bei der dritten Beerdigung, der Vater überlebt die siebente Beerdigung nicht.

1963 wird im Heimatort der Familie, in Дзуарикау/Dsuarikau, ein Denkmal errichtet – eine trauernde Mutter und sieben Kraniche, die in den Himmel fliegen. Dieses Denkmal besuchte auch Rasul Gamsatow …

An diesem Punkt vereinen sich die beiden Entstehungsgeschichten zu einer.

Drei Jahre nach der Geburt des awarischen Gedichtes wurde es von Naum Grebnjew, einem Freund von Rasul Gamsatow, ins Russische übertragen und im Journal „Новый мир" (Neue Welt) veröffentlicht.

Dort las es Mark Bernes, ein sehr bekannter und beliebter sowjetischer Sänger, der zu diesem Zeitpunkt schon schwer und unheilbar krank war. Die Parabel des Gedichtes berührte ihn sehr und er fühlte, dass dies der Text seines vielleicht letzten Liedes sein könnte, sein persönliches Requiem. So bat der berühmte und sehr verehrte Mark Bernes zuerst Naum Grebnjew, einige Worte im russischen Text zu ändern und danach seinen Freund, den Komponisten Jan Frenkel, das Gedicht zu vertonen. Seine Ahnungen erfüllten sich. Am 8. Juli 1969 ging Mark Bernes ins Studio, wo er, immer wieder unter Tränen, das Lied aufnahm. Einen Monat später, am 16. August 1969 starb Mark Bernes. Auf seiner Beerdigung erklang auch das Lied „Kraniche“.

All das floss nun auch in meine Nachdichtung ein und so gibt es in meinen letzten Zeilen einen neuen Pfad, der den Künstler und sein Vermächtnis in das Lied einbezieht.

Журавли – Kraniche

T: Rasul Gamsatow (awarisch) Naum Grebnjew (russisch) Tino Eisbrenner (deutsch)
M: Jan Frenkel

Und was, wenn manche Seele von Soldaten
Verloren einst in blutdurchtränktem Feld
Die letzte Erdenruhe nie erbat und
Als weißer Kranich flog zum Himmelszelt

Dort fliegen sie, es mahnen ihre Lieder
Bis heute durch der großen Zeiten Lauf
Wahrscheinlich darum verstumm‘ wir hin und wieder
Und schauen voll von Traurigkeit hinauf.

Im Nebel von der ersten Tageshelle
Ermüdet bis zum letzten Tageslicht
Der Vogelzug – und dort die freie Stelle
Womöglich ist das schon der Platz für mich?

Und wenn ich einst in diesem Kranichzuge
Noch schwimme durch dergleichen Nebeldunst
Hätt ich den Wunsch, Ihr hörtet meine Stimme
Der ich Euch ließ zurück mit meiner Kunst.

Ein paar Tage, nachdem ich also auf Verdacht meine Nachdichtung gemacht und nach Moskau gesandt hatte – immer mit anschließender Rückübersetzung – schrieb mir wieder die Regisseurin Polina Berten, dass es Schwierigkeiten gäbe. Die Rechteinhaber würden nur die alte Übersetzung aus sozialistischen Zeiten akzeptieren wollen. Ich fing an, nach dieser Fassung zu suchen aber es gab nirgends einen Hinweis darauf. Nur eine Übersetzung der mit mir sogar befreundeten Autorin Claudia Opitz war im Netz zu finden. Anlässlich einer Ausstellung hatte sie das Lied nachgedichtet und der „Fond Rasul Gamsatow" hatte das Ergebnis im Zusammenhang mit der Ausstellung im Netz präsentiert. Ok, dachte ich. Da muss wohl wieder ein Brief geschrieben werden. Dieses Mal sollte der aber nicht vom Künstler, sondern vom Eisbrenner-Management kommen. Die Frage musste sein, wenn eine alte deutsche Fassung nicht auffindbar, aber eine neue Fassung von Claudia Opitz erlaubt ist, warum sollte dann nicht auch ein Eisbrenner seine eigene Fassung schreiben und singen dürfen?

Zuerst kam ein Dank zurück für meine Recherche und das Versprechen, dass man der Sache nachgehen wolle. Drei Tage später aber kam eine kurze knackige WhatsApp Nachricht von Frau Berten: „Tino, im Anhang nun die deutsche Übersetzung des Liedes. Diese muss genommen werden und keine andere." In mir gab es einen Gefühlsruck. Etwas wie gleichzeitiges Zusammenklappen und Aufbäumen. Ich hatte überhaupt keine Lust, den Anhang zu öffnen, aber es musste dann doch sein. Ich bereitete mich auf etwas vor, was meinen Widerspruch provozieren würde. Mein zweiter Gedanke war, sie einfach zu unterwandern und mir den Text zurechtzubiegen... All das erwies sich in der nächsten Sekunde als obsolet, denn was ich da zu lesen bekam, war mein Text!

Sie hatten den offenbar erklärungslos an die Regisseurin geschickt und diese, der deutschen Sprache unkundig, hatte einfach sachlich durchgestellt, ohne zu wissen, dass meine Mission erfolgreich gewesen war. Ich antwortete ihr: „Kein Widerspruch meinerseits – es ist meine eigene Nachdichtung." Worauf von ihr ein Hurra-Smilie kam.

Auch diese Hürde war also genommen! Wieder rief ich nach meinem Freund, dem Toningenieur M., wieder nahmen wir meinen Gesang auf und schickten ihn mit und ohne das Orchester-Playback per WeTransfer nach Moskau. Erledigt.

Oder doch nicht? Natürlich hatte sich die Orchesterleiterin Li Otta, die mir immer als Olga schreibt, auch für diesen Song nach meiner gewünschten Tonhöhe erkundigt, die ich dann am Klavier ermittelt und ihr geschickt hatte, damit das Playback für mich gut besingbar wäre. Nun entwickelte sich folgendes. Anhand der gesendeten Playbacks hatten sie sich in Moskau für jeden internationalen Teilnehmer den nationalen Star ausgesucht, der oder die ihm am Tag des Finales für eine Duettversion des im Halbfinale vorgetragenen Liedes zugeordnet werden würde. Was mir an dem Wettbewerbskonzept von vornherein gefallen hatte war, dass im Halbfinale niemand ausschied und wieder nach Hause musste, sondern alle bis zum Schluss im Spiel bleiben würden. Finale bedeutet hier, eine große Fernsehshow aus zweisprachigen Duetten russischer Stars mit internationalen Sängerinnen und Sängern. Ganz am Schluss dann die Siegerehrung. Sie hatten meinen Star gewählt. Zara, eine bezaubernde junge – aber für mich nicht zu junge – Schönheit, mit wunderbarer Stimme. Besser konnte es wohl kaum kommen.

Was sich daraus allerdings ergab, kannte ich schon aus meiner Zusammenarbeit mit der nicht minder wunderbaren Stimme der nicht minder schönen Lidia Valenta, mit der ich ja zum Beispiel Bulat Okudshavas „Grusinisches Lied" produziert und auf meinem Album „Heilige Nacht" veröffentlicht hatte. Wenn Frauen mit mir Duette singen möchten, muss ich selbst immer mindestens einen Ton tiefer singen, als ich gern würde, weil die Oktave für die Frauenstimme sonst zu hoch gerät. Genau darum hatte mich Lidia gebeten und darum bat nun auch Zara über eine Nachricht von Olga.

Wenn ich das Grusinische Lied allein singe, kann ich immer ein bisschen höher gehen, wo meine Stimme eben am meisten nach mir klingt. Für die zwei Vorstellungen des Festivals allerdings würde es ja nun kaum in Frage kommen, dass das Orchester beim Halbfinale andere Noten spielt, als beim Finale. Ich müsste also in den sauren Apfel beißen und auch allein tiefer singen, als ich eigentlich wollte. Was soll's, dafür hatten sie mir die Chance gegeben, mit Zara zu singen. Das war das kleine Opfer schon wert. Ich bestätigte also und erntete Dank. Alles geklärt? Offenbar.

Mein Visum hatte ich schon bekommen. Die Russische Botschaft in Berlin hatte sich sehr hingebungsvoll darum gekümmert und mir bürokratische Stolpersteine erspart. Auch die Mitarbeiter dort und der Botschafter selbst, den ich auf zwei völkerverbindenden Empfängen anderer Botschaften, auf denen ich in Berlin sang, kennengelernt hatte, signalisierten, dass es keine Selbstverständlichkeit wäre, wenn ich mich auf diese Reise machte. Auch sie waren gerührt und dankbar ob meines Entschlusses und hatten bei der Organisation der Visafragen geholfen. Damit wäre die unmittelbare Vorgeschichte nun erzählt. Es kann losgehen.

Wenn einer eine Reise macht...

... dann kann er was erzählen. Im Jahr 2023 und mit der Absicht, Moskau zu erreichen, ist das besonders zutreffend. Früher gab es mehrmals am Tag Flüge aus allen europäischen Städten nach Moskau. Nun aber fliegt man in diese Weltmetropole nur noch aus zwei europäischen Städten, nämlich aus Belgrad und Istanbul. Auch Serbien ist inzwischen so unter Druck geraten, dass die Flüge aus Belgrad nur noch einmal am Tag nach Moskau gehen. So treffe ich die serbischen Teilnehmer Milina und Dragan ebenfalls in Istanbul auf dem Flugplatz, weil sie für den 26.04.23 keinen Direktflug aus Belgrad mehr bekommen konnten. Aber ich greife grad ein wenig vor, mein Trip beginnt natürlich in Berlin. Ich bin schon am Vorabend angereist und habe bei Freunden übernachtet, weil mein Flug nach Istanbul morgens um 7:00 Uhr vom neuen BER in Schönefeld abgeht. Übernachtet bedeutet in diesem Fall nicht geschlafen. Die Sicherheitschecks zwingen alle Passagiere, drei Stunden vor dem Start einzuchecken. Um Zeit zu sparen, checken wir am Abend also online ein. Das heißt, die Tickets sind schon ausgedruckt und der Koffer muss nur noch auf's Band. Auch das kann man am Flugplatz schalterlos an Automaten erledigen aber wer will schon, nachdem er schon um 4:00 in ein Taxi gestiegen ist, einen Automaten ergründen, den Job von Personal übernehmen, was eigentlich da sitzt und in der Nase bohrt, und dann obendrein den ganzen Flug lang unsicher zu sein, ob man alles so gemacht hat, dass der Koffer auch in Istanbul mit nach Moskau umsteigt? Ich nicht! Ich gehe zum Schalter, stelle den Koffer auf's Band und reiche meine Tickets und den Pass rüber. Die Dame ist sehr freundlich und druckt nun selbst Tickets aus, die sie mir mit dem Hinweis rüberreicht: „Das ist für unser System besser. Dann sehen die bei den nächsten Checks gleich, dass hier schon der erste Check stattgefunden hat."

Ja, denke ich, hat großen Spaß gemacht gestern, eine Stunde lang dem angeblichen Vorteil zu folgen, online einzuchecken. Aber ich sage nichts dazu, sondern trabe zur Passkontrolle. Es gibt keinen Stempel in den Pass. Wahrscheinlich, weil ich ja nur in die Türkei fliege. Dann kommt die Sicherheitskontrolle. Bitte Vorsicht mit der Gitarre! Ich habe wieder, wie auf allen bisherigen Reisen in den postsowjetischen Raum meine kleine Traveller-Guitar mit Pick-up-System über der Schulter. Als ich am anderen Ende des Fließ-bandes ankomme, fehlt sie. Ah, dort drüben. „Musikinstrumente müssen wir immer nochmal extra prüfen", sagt ein gut gelaunter Zöllner. „Soll ich was spielen?" frage ich amüsiert. Aber naja, wer will früh um 05:00 Uhr Livemusik? Obwohl mich das jetzt natürlich an das Pfingsttreffen der FDJ 1984 erinnert, als ich doch mit meiner geliebten Band „Jessica" tatsächlich früh um 05:00 Uhr zu einem OpenAir-Auftritt im Stadtpark Friedrichshain ansetzte, weil die Jugendorganisation nämlich die Jugenddelegationen, die aus den Bezirken nach Berlin eingeladen waren und in Sonderzügen oder mit Bussen auch zur Nachtzeit in der Hauptstadt aufschlugen, sofort in einen Kreislauf aus Verpflegung, Politveranstaltungen und Freizeitspaß einband, was eben z.B. uns dadurch Konzerte zu allen Tages- und Nachtzeiten bescherte. So schweifen Gedanken manchmal ab...

Der BRD-Zöllner will keine Kostprobe und ich ziehe weiter in den Duty-Free-Bereich. Zwei Stunden bis zum Boarding können sehr lang sein, wenn man sehr früh auf dem Weg nach irgendwo ist und müde.

Schließlich verrät mir die Anzeigetafel auch, zu welchem Gate ich muss und ich lasse mich dort für die letzte dreiviertel Stunde nieder. Als es langsam ernst wird, hänge ich mir meine Handgepäck-Reisetasche um, stecke meine Tickets und den Pass in die A-Tasche und gehe nochmal auf's Klo. Fünf Minuten später stehe ich wieder am selben Platz und greife nach den Tickets. Weg! Der Pass ist noch da aber die Tickets, die natürlich rausgeguckt haben sind weg. Boah!

Das hatte ich noch nie! Mit ein paar sehr schnellen Schritten stehe ich wieder vor dem Pissoire aber nichts. Ich hab die nicht verloren. Sonst lägen sie jetzt hier. Die hat einer gezupft. Und weil sie ja im Pass gesteckt hatten, habe ich keine Bewegung gespürt. Aber wozu denn? Man fragt sich das in solchen Momenten natürlich sofort. Andererseits konnte mir auch noch nie einer erklären, was es dem Hacker bringt, mein Handy zu hacken. Ok, ich laufe zum Personal am Boardingschalter. Die Dame ersucht mich, all meine Taschen zu kontrollieren und dann am besten nochmal. Nach dem Motto: Ich finde meine Brille nicht – ach da ist sie ja, auf meiner Nase! Aber soweit bin ich wohl noch nicht. Die Tickets für beide Flüge sind weg. Sir, dann warten Sie bitte hier, die Kollegin druckt Ihnen am Schluss neue Tickets. Ok, wenn das geht?! Ich atme auf. Da stehe ich nun und plötzlich kommt ein Beamter und bringt meine Tickets. Sie lagen auf dem Tisch in einem Flugplatzcafé, das ich niemals betreten hatte. Wahrscheinlich konnte der Schlaumeier mit meinen Reisezielen nichts anfangen. Alles gut, ich kann einsteigen.

Wenn ich fliege, habe ich meine Rituale. Ich trage indianischen Schmuck und spreche mit Manitou über das, wofür ich noch Lebenszeit und Kraft brauche. In Russland sagen manche, dass man genau beim Abheben von der Erde einen Wunsch frei hat, den man für sich formulieren soll. Russen haben für jede Lebenslage eine poetische Regel.

Der Airport in Istanbul, manche sagen ja auch gern Flughafen dazu, ist kein kleiner und natürlich, dieses „Glück" habe ich immer, muss ich auf die ganz andere Seite des Areals, um mein Gate zu erreichen. Aber das erfahre ich erst nach den ersten zwei Stunden Wartezeit rund um die Anzeigetafeln. Im „Дорога на Ялту" -Chat auf WhatsApp melden sich mehr und mehr der Festivalteilnehmer mit Bildern ihrer Anreise. Dadurch erfahre ich, dass die Italiener, der Ungar und die Serben wohl nachher in mein Flugzeug steigen werden. Und so kommt es auch. Zuerst erkenne ich Johnny Moonlight, den Ungarn. Rock'n Roll Fan, wie man sofort ahnt. Ein Typ zwischen Wolfgang Ziegler und Elvis, der sofort die Sonnenbrille abnimmt und muttersprachliches Englisch plaudernd auf mich zu wippt. Er ist tatsächlich halb Engländer, halb Ungar, wie ich rasch ermitteln kann, sehr hilfreich, wenn man internationale Festivals besucht. Er ist *very kind* und wir verstehen uns sofort. Auch die Serben sind ausnehmend sympathisch. Milica eine zurückhaltende attraktive Frau in den Dreißigern und dazu Dragan, der gegen sie eher studentisch wirkt und mit einem so offenen, herzlichen Charakter aufwartet, dass man ihn vom ersten Moment an gern haben muss. Das italienische Paar passt besser zusammen. Simone Romano ist keine Frau, sondern ein italienischer Simon, kurz über die Zwanzig und demnach natürlich mit Vollbart. Seine Cassandra de Rosa mag ein wenig älter und kann bestimmt ein Biest sein aber so müde, wie sie uns hier begegnet, ist sie sehr weich und der Klang der italienischen Sprache heilt ja ohnehin jede Verwundung... John konstatiert noch, dass er ja wohl hier der Älteste in der Runde sei. Ich bringe es nicht über mich, das so stehen zu lassen – er ist 1970er Baujahr, also acht Jahre jünger als ich.

Im Flugzeug verlieren wir uns wieder aber in Moskau auf dem Vnukovo-Airport kommen wir schon gemeinsam durch die Schiebetür, als würden wir nie mit jemand anderem gereist sein. Das ist das Schöne und ich kenne das von anderen internationalen Festivals oder Konferenzen, man wird innerhalb kürzester Zeit zu einer Art Schulklasse und hält zusammen, obwohl man unter Umständen, wie auch hier, miteinander konkurriert. Aber das wird in den kommenden Tagen, vielleicht bis zum Halbfinale, überhaupt keine Rolle für uns spielen. Wir sind zusammen in Moskau, einer der größten politischen und kulturellen Metropolen der Welt. Wir singen auf einem großen Festival, das man weltweit live mitverfolgen kann, das im Fernsehen übertragen und von Interviews und Berichten flankiert wird. Und unser Arbeitsplatz wird der Staatliche Kremlpalast sein, ein kulturhistorischer Ort der obersten Liga.

Die Entstehungsgeschichte des Festivals und warum es nicht mehr auf der Krim, sondern seit vorigem Jahr in Moskau und dieses Jahr erstmalig im Kremlpalast stattfindet, erfahre ich erst ganz am Ende meiner Reise, aber ich greife nochmal vor.

Im Jahr 2018 trat ein polnischer Sänger in der Stadt Gdansk (Danzig) im Museum für Geschichte auf und sang während seines Auftrittes das von mir schon erwähnte sowjetische Kriegslied „Тёмная ночь" (Dunkel der Nacht) in seiner Sprache, polnisch. Daraufhin verwies ihn der polnische Museumsleiter und Geschichtswissenschaftler des Hauses mit der Begründung: In diesem Lied würde ein russischer Soldat so menschlich dargestellt, als hätte er Frau und Baby zu Hause, als könnte er sogar lieben. Aber solche russischen Soldaten gäbe es nicht und darum wären solche Lieder unerhört und Menschen, die sie singen, gehörten vor die Tür.

Dies erzählte der polnische Sänger dem russischen, naja eigentlich litauischen, Journalisten Ernest Matskavičius, der daraufhin die Idee entwickelte, jene Lieder doch in die Welt zu tragen, indem man ausländische Sänger einlüde, sie in ihrer Sprache zu singen und mit nach Hause zu nehmen. Dies sollte auf der Sonneninsel Krim stattfinden, in Ялта (Jalta), von wo aus seinerzeit auch die Alliierten die Friedenskonzepte mit nach Hause genommen hatten. 2019 startete das Festival also auf der Krim. Aber im vorigen Jahr, angesichts von Kampfhandlungen und terroristischen Attentaten verlegte man das Festival vorübergehend nach Moskau. Und auch hier galt es, das Sicherheitskonzept für die ausländischen Gäste zu maximieren, denn immer wieder gibt es auch in Moskau terroristische Anschläge, bei denen auch Menschen sterben. Der sicherste Platz von Moskau ist aber nun mal, wie das Weiße Haus in Washington oder der Bundestag in Berlin, der Kreml – und damit ist, für ein internationales Kulturfestival, der Staatliche Kremlpalast, dessen großer Saal 6.000 Zuschauer fasst, hinter den heiligen Mauern der beste Veranstaltungsort.

Dass sie sich Gedanken um unser Wohl und unsere Sicherheit gemacht hatten, wird mir auch im Hotel sofort klar. Security in der Lobby und in der Etage, in der sich unser Probensaal für die ersten Tage befindet. Die Technik und das Orchester sind dort schon am Aufbauen aber für uns Anreisende gibt es heute nichts mehr zu tun. Ein paar von den Anderen wollen sofort zum Roten Platz strömen, weil der ab morgen wegen der Feierlichkeiten zum 9. Mai und den Aufbauten dort, schließen soll. Aber für mich ist das nichts. Ich kenne und liebe den Roten Platz. Die Fotos, die meine Kollegen machen wollen, gibt es von mir schon längst und im Wandel der Zeiten. Ich brauche jetzt nichts als eine Dusche, ein Abendbrot und ein tiefes Einatmen. Das Palmira Business Club Hotel hat vier Sterne und das wird mir klar beim Betreten meines Zimmers und dem Anblick des Abendbrotbuffets. Hier gibt es alles… und was mich besonders freut, russische Küche. Die russischen Salate, die Pfannen mit Fisch, Gemüse, Fleisch, die Piroggen, Borschtsch, das Brot, die Kuchen. Man müsste ein Kamel sein, denke ich, da könnte man sich einen Höcker anfressen. Satt und zufrieden komme ich wieder in mein riesiges Zimmer, dessen Schlafbereich hinter einer halben Wand verborgen liegt. Raumteiler sagten wir früher dazu. Dieser hier besteht aus einem schönen und sehr cleveren Schranksystem, das von zwei Seiten seine Funktionen hat. Hinten gibt es auch den Schreibtisch, der sofort Bekanntschaft mit meinem Laptop macht. Ich will ja alles aufschreiben. Tagebuch führen unterwegs, aber schon Probentage nutzen, um schreibend weiter in mein Buch einzusteigen. Der vordere Bereich des Zimmers enthält eine Couchecke und einen kleinen Esstisch für drei Personen. Die Ecke entsteht durch das wirklich luxuriöse Bad in hellbraunem Marmor. Eine Woche werde ich hier leben und arbeiten. Ich wohne im fünften Stockwerk und aus dem Fenster schaue ich auf die Moskwa. Verdammt, denke ich, ziehe mir die Schuhe und den Mantel wieder an und fahre nochmal nach unten. Raus aus dem Hotel und auf die andere Straßenseite. Da fließt sie, die gute alte Moskwa, die mich immer wieder rief, schon seit ich ein Kind war und die Lieder hörte, die von ihr sangen. Ehrwürdige Dame, ehrwürdiger Fluss, ich bin wieder da. Einmal mehr, um an Deinen Ufern das Lied vom Frieden zu singen.

Als ich nach meinem kurzen Spaziergang zurück ins Hotel komme, sitzen in den Sesseln vor der Bar drei Geschäftsleute, die deutsch sprechen. Eigentlich ein mir vertrautes Bild seit dreißig Jahren. Man erkennt die zwei Chefs, die das Sagen haben, sich großspurig weltmännisch geben, indem sie sich scheinbar für nichts um sich herum, dafür aber umso mehr für den Businessplan von morgen interessieren. Und den „Typ Ossi", der einen offenen interessierten Blick sendet, keinerlei Verantwortung trägt, aber als einziger von den Dreien Russisch versteht. Sieht alles aus wie immer, denke ich, trete aber an die Drei heran und sage: „Freut mich, Landsleute hier zu treffen, in diesen wirren Zeiten." Und als hätte ich dies in einer Hotelbar in Erfurt oder Kiel gesprochen, erfolgt auch die stereotype Reaktion. Die beiden „Chefs" blicken nur halb auf, nicken mir eine Art „Hm Hm aha" zu und senken die Köpfe wieder, während der Dritte zurückfragt: „Sind Sie auch geschäftlich hier?"

„Nein," sage ich bedeutungsvoll lächelnd, „kulturell."

Krieg ist Politik

Gestern Abend habe ich noch ein paar Fotos von der Moskwa nach Hause geschickt und zu meinen Schwiegereltern nach Dresden. Moskau ist die Heimatstadt meiner Schwiegermama Jelena und ich weiß, wie sie darunter leidet, seit der Pandemie nicht mehr hier gewesen zu sein. Gerade jetzt, wo eine stolze Russin, die ihre Heimat liebt, in Deutschland das Gefühl haben muss, unter Feinden zu wohnen, wenn sie auch nur den Fernseher anschaltet. Eine Frau, deren Vater es in der Sowjetarmee kämpfend bis Berlin geschafft hat, darf jetzt am 9. Mai nicht mehr mit seinem Bild zum Ehrenmal gehen, weil die deutsche Regierung solche „russische Symbolik" am Tag der Befreiung vom Hitlerfaschismus verbietet. Meine Frau Sofia ist in Moskau geboren, in den Kindergarten gegangen und erst mit sechs Jahren in die DDR gekommen. Ihre Sommerferien verbrachte sie immer bei ihren Großeltern in Moskau. Mein Schwiegervater Marko hat in Moskau studiert und dort seine Familie gegründet. Sie alle sind zu Hause in Deutschland und ich bin hier. Und die vielen Freunde, die Russland und Moskau kennen und jetzt auch so gern hier wären. Und dann Jene, die mit meinem diplomatischen Akt hier mitfiebern wollen würden, denen ich aber erst nach meiner Rückkehr sagen kann, wo ich grad bin, weil ich es vorerst geheim halte. Für mich und sie alle bin ich hier und will ein anderes deutsches Bild vermitteln, als die Außenministerin, deren Namen ich nicht in mein Buch hineinlasse.

Zum Frühstück ein paar блинчики (kleine Pfannkuchen), dann einen kurzen Blick in den Probensaal. Ich möchte Alexia, Polina und Li Otta endlich persönlich begegnen. An Alexia laufe ich fast vorbei, denn ihre wilden Locken vom WhatsApp-Foto sind einfach nicht mehr da. Glatte Haare, ein junges, hübsches, sehr agiles, grundfreundliches Mädchen. Aus einem Pulk von Beratenden löst sich eine würdevolle, junge Frau und wirft mir ein warmes Lachen entgegen: „Tino! Wie war die Reise? Wie gefällt Dir unser Hotel? Warst Du gestern auch noch mit am Roten Platz?“ Polina Berten, die Regisseurin. „Nein“, sage ich, „ich war nur ein bisschen an der Moskwa spazieren.“ Jemand kommt und hat Fragen an sie. „Willkommen!“ wirft sie mir noch zu, dann ist sie weg.

Fehlt noch die Chefin des Orchesters, Li Otta. Aber an die komme ich jetzt nicht ran. Sie ist voll auf das Orchester konzentriert. Ach was, denke ich, das kommt später.

Alexia sammelt uns alle ein und bringt uns in einen Nebenraum. Hier soll die erste offizielle Begrüßung stattfinden und die Vorstellung der Regie und Unterregisseure, die in den Tagen mit uns arbeiten werden. Die Rede dazu hält Polina. Auch „Olga“, Li Otta ist da und macht einen kurzen Knicks. Ein paar Leute vom Ton werden vorgestellt. Dann werden wir siebzehn Teilnehmer in Gruppen geteilt und den drei Unterregisseuren zugeteilt, die uns dann ihrerseits einen Probenplan offerieren, nach dem wir Einzelproben haben werden. Mein Unterregisseur heißt Dmitry Markin, kurz Dima. Ich treffe ihn nachher.

Eine hübsche Idee kommt noch dazu. Volontäre. Im Vorfeld hatte man uns Teilnehmer gefragt, ob wir einen Dolmetscher wünschen würden und gut die Hälfte von uns hatte das mit JA beantwortet. Ich auch, denn ich ahnte, dass es bestimmt Situationen geben könnte, in denen es auf jedes Wort ankäme. Und da flattern sie auch schon auf uns zu. Eine Gruppe Sechzehnjähriger in lila Shirts und lila Jacken, auf denen vorn das „Дорога на Ялту“-Logo prangt und hinten ganz groß „Volontär“ geschrieben steht. Meine Volontärin stellt sich als Katja vor und könnte eine meiner jüngsten Töchter sein. Sie begrüßt mich aufgeregt und freudig und offeriert mir, dass sie alles, was man mir auf Russisch so sagt, dolmetschen wird – ins Englische! Ich bin begeistert und mache ihr das Geständnis, dass ich leider zu gut Russisch verstehe, als dass eine Übersetzung in das mir oft fremdere Englisch hilfreich wirken könnte. Ich sehe ihr augenblicklich an, dass sie das irgendwie enttäuscht und füge schnell hinzu: „Aber keine Sorge, wenn ich zu Deinen englische Ausführungen Fragen habe, übersetzt Du sie mir einfach ins Russische." Sie stutzt, lacht dann und die Welt ist wieder in Ordnung. Wir haben einen Deal.

Die Sinnhaftigkeit der Volontäre, die fast alle Volontärinnen sind, erweist sich schließlich während der konkreten Arbeit. Denn sie werden nicht nur dolmetschen, sondern vor allem stets die ersten Ansprechpartner der Inspizientinnen sein und dafür sorgen, dass ihre Künstler immer zur richtigen Zeit am richtigen Ort bereitstehen und informiert sind, worum es als nächstes gehen soll. Meine kleine Katjusha macht das wunderbar und erfüllt ihren Teil der Aufgaben im großen Getriebe des Festivals mit großer Hingabe und Heiterkeit.

Nebenbei bemerkt: An dieser Stelle sei mir ein kleiner „Seitenhieb" gestattet. Mindestens die Hälfte aller Macher hier besteht aus Frauen. Das Orchester zu drei Vierteln, die Regisseurin, die Dirigentin, das gesamte Org.-Team, die Inspizienten, die Moderatorin, die Journalistinnen der TV-Teams, denen ich Interviews gebe, die Volontäre, der große Schwarm von Maskenbildnerinnen und die Hälfte des Teams für die Fernsehübertragung. Ich höre nirgends ein großes Gender „I" aber wenn eine der vielen Frauen vor mir auf eine schwere Tür zugeht, bleibt sie automatisch zurück, damit ich Gelegenheit habe, ihr diese zu öffnen. Keine dieser russischen Frauen lädt sich siebzig schwere Koffer oder Aktenordner auf den Arm, wenn ein Mann in ihrer Nähe steht und ihr zur Hand gehen kann. Und wenn ein Mann seine Hilfe anbietet, erntet er kein zurechtweisendes „Macho" oder weichgespültes „Selbst ist die Frau". So trage ich in diesen Tagen Aktenkoffer für die Organisatorinnen, Schlagzeugteile für die Orchesterschlagzeugerin, Kostümkoffer für diverse (ist das noch das richtige Wort?) Teilnehmerinnen, Kamerastative, Spiegel und sonst was alles, weil einfach so viele Frauen im Team sind, die dankbar sind, wenn man(n) ihnen an der nächsten Treppe hilft oder sogar davon ausgehen. Und weit und breit kein großes Gender „I“.

Unter den Männern, denen ich begegnen werde, sind mindestens drei homosexuell. Der italienisch-russische Manager ist es ebenfalls und je besser wir uns kennenlernen, desto ungehemmter wird er mir gegenüber auch mit Berührungen und unbestellten Nackenmassagen. Ich kenne solcherlei seit vierzig Jahren und finde diese Art menschlicher Wärme immer angenehm, weil sie nicht nur Zuneigung, sondern vor allem Vertrauen signalisiert. Und auch hier im Festivalgetümmel nimmt niemand auch nur den geringsten Anstoß daran. Wie auch nicht bei all meinen früheren Besuchen dieses Landes, in denen ich nie nur die Künstlerbranche erlebte, falls das als Gegenargument aufkommen sollte. Dennoch wird hier nicht gegendert, der „Faust“ bleibt, wie Goethe ihn geschrieben hat und ich sehe in meinen nächtlichen Streifzügen durch die TV-Krimi-Landschaft Russlands keine homosexuellen Paare, während es ja in Deutschland praktisch keinen „Tatort“ mehr ohne das gibt. Ja klar, denn nimmt man in Deutschland das Thema mit in eine Produktion, dann öffnet sich ein weiterer Fördertopf. Genau, wie wenn man Stasiopfer mit einbaut. Versuch mal im besten Deutschland aller Zeiten einen Spiel- oder Dokumentarfilm über die guten Seiten des Sozialismus, der DDR oder gar Russlands. Du bekommst ihn schwer finanziert und dann leider nicht gesendet. Aber mit einer neuen Geschichte über ein homosexuelles Stasiopfer, das schließlich im russischen Gulag landet, hast Du full hand, wirst subventioniert und eröffnest die Berlinale. Bemerkung конец.

Es ist inzwischen Nachmittag und meine erste personalisierte Probe mit dem Unterregisseur Dima beginnt. Wir suchen in den Räumen rund um den „Orchestersaal“ ein ruhiges Plätzchen, bis er mich fragt, ob wir die Probe vielleicht in sein Zimmer verlegen wollen. Ich habe schon registriert, dass die Mitarbeiter des Festivals kleinere Zimmer haben als zum Beispiel ich und also lade ich ihn und meine kleine Dolmetscherin Katjusha lieber zu mir ein.

Gute Entscheidung, hier haben wir Ruhe. Dmitry Markin ist Russe und auch wieder nicht. Er stammt aus der Republik Mordovia und der kleineren Ethnie der Mordovy ab, die Teil der Russischen Föderation ist. Er erwähnt das mit Stolz, als Katja ihn fragt, ob er auch in Moskau leben würde. Trotzdem sieht dieser junge Mann so russisch aus, wie es typischer kaum geht. Ein sanfter, blasser, hübscher Junge mit einem klugen intellektuellen Gesicht und freundlich lachenden Augen. So kennt man sie aus jenen Filmen, in denen Russen nicht nur als Mafiabosse oder Türsteher gezeigt werden.

Er wendet sich zu mir, begrüßt mich noch einmal warmherzig von seiner Seite und stellt mir für den Beginn unserer Arbeit die Frage, was ich über das Lied denke. Das gefällt mir ausgesprochen gut. Er weiß ja nicht, dass es kein Zufall ist, dass ich „Журавли" (Kraniche) singe. Weiß nicht, dass ich selbst um dieses Lied gebeten habe. Ich erzähle ihm die Geschichte, erzähle ihm von meinem Brief und die Reaktion des künstlerischen Leiters darauf. Ich erwähne auch meine Gedanken, dass die russischen Zuhörer denken könnten: Warum vergießt der Deutsche unsere Tränen? Und dass ich deshalb das Lied von den „unbekannten Höhen" nicht so gern gesungen hätte.

Dima reißt erstaunt die Augen auf. „Aber Tino, nein, so denken die Russen nicht. Im Gegenteil, sie werden Dich lieben dafür, dass Du hier bist. Es gibt keinen Groll von uns gegen die Deutschen. Wir haben verstanden, dass es einen Unterschied gab zwischen den Faschisten und dem deutschen Volk. Und wir machen auch heute den Unterschied zwischen der deutschen Politik und dem deutschen Volk. Und ich glaube Du wirst das in den Tagen hier auch spüren." Ich würge meinen Kloß im Hals hinunter und antworte nichts. Ich bin beschämt und ich bin es, weil die, die es eigentlich sein müssten, nicht hier sind, um solche Sätze zu hören und dazu in Dimas Augen zu sehen, die wie ein offenes Tor seines Herzens zu uns sprechen, zu all uns Deutschen.

Wir wenden uns dem Lied zu und ich gestehe mir ein, dass ich Probleme damit habe, wenn mir dieser junge Mensch hier erzählen möchte, wie ich das am besten singen sollte. Alles was er sagt, ist mir vollkommen klar, denke ich, ich mache den Job seit 43 Jahren. Aber dann denke ich, vielleicht ist es doch ganz interessant, ihn als Spiegel meiner Musikalität zu betrachten. Er versteht ja meinen deutschen Text nicht, weiß nicht, warum ich dies oder jenes deutsche Wort so oder so anlege und betone oder eben nicht betone. Er hört nur die Musik meiner Sprache und wenn sie ihn erreicht, dann wird es auch dem Publikum so gehen. Es ist gut, dass ich ihn für diese Arbeit habe, denke ich und lasse mich auf ihn ein. Das ist wie ein Pirschen, ein Tasten, ein Ergreifen. Es beginnt, mir Spaß zu machen. Und plötzlich strahlt er mich aus seinen klugen Augen an und zeigt mir, während ich deutsch singe, seinen linken Unterarm. Er hat Gänsehaut. Schließlich macht Dima noch ein neues Thema auf und möchte vorgreifen bis zum Finale, wo ich die letzte Strophe gemeinsam mit der bezaubernden Zara singen soll – und zwar auf Russisch natürlich. Dima formuliert den Anspruch, von mir dabei keinerlei Akzent hören zu wollen und lässt mich die Strophe vorsingen. Die russische Sprache hat nicht nur tausende Worte mehr – und ich meine: tausende Worte – als die deutsche. Sie hat auch, für uns Deutsche ungewohnte, Buchstabenfolgen. Bei uns zum Beispiel wird es wohl zwischen einem M und einem N immer mindestens einen Vokal geben. Im Russischen gern eben nicht. Wie много (viel) oder мне (mir). Das kurz hintereinander in einem Satz, kann einer deutschen Zunge schon ein paar Schwierigkeiten bereiten. Außerdem klingt gut gesprochenes Russisch immer ein bisschen theatralisch und überbetont für einen Deutschen. Vielleicht vergleichbar mit Italienisch, wo auch immer ein großer Gesang herrscht, während wir ja tatsächlich nur auf den Bühnen mit unseren Worten zu großer Melodie ausholen. Bei uns spielt sich – ich übertreibe, um zu veranschaulichen – alles auf einem Ton oder in einer Lage ab, wenn wir normal miteinander erzählen. Bei den Russen, wie auch Italienern, wird jeder Vokal sozusagen gefeiert und gesprochen, als müsse man gerade einen Märchenfilm synchronisieren. Die Emotion wird nicht verborgen, sondern mit jedem einzelnen Wort dargestellt. Wenn man nun also ordentlich Russisch sprechen möchte, muss man sich darauf ein bisschen einlassen, darf sich nicht komisch vorkommen, wenn man zum Beispiel das O für unsere Verhältnisse zu sehr betont. Denn ein unbetontes O wird bei Russen dann eher ein A. Bei ihnen heißt der Fluss Maskwa, obwohl Moskwa geschrieben steht. Ich jedenfalls habe lange genug Russisch gelernt, um von diesen Dingen Kenntnis zu haben. In meiner Kindheit, die ich teilweise in Bulgarien verbrachte, begann das Erlernen der russischen Sprache mit der dritten Klasse. Und obwohl ich mich jetzt wieder schäme, wie schlecht ich, in Anbetracht von zehn Schuljahren Russischunterricht diese Sprache beherrsche, ist Dima sehr zufrieden mit mir. „Wir werden das jeden Tag einmal behandeln", sagt er, „Und wenn wir Zara treffen, wird es perfekt zusammenklingen. Du hast eine sehr gute Aussprache."

„Das freut mich", sage ich, „das Problem sind Vokabeln und Eure sechs Fälle der Grammatik." „Ja. Aber in diesem Fall hat ja der Dichter schon für Dich vorgearbeitet." Dima lacht und verabschiedet sich höflich von mir. Er muss weiter und auch ich habe nicht mehr viel Zeit bis zu meiner ersten Orchesterprobe.

Etwas nervös betrete ich zur anberaumten Zeit den kleinen Saal, in dem die Kennenlernproben auf Hochtouren laufen. Vor mir ist Imad Eddin Madadi, der Algerier, dran. Um Gotteswillen, schießt es mir durch den Kopf, so kann doch niemand proben. Am Kopfende des Saales, der ein typischer Mehrzweckraum der modernen Hotels ist, spielt das Orchester. Davor steht eine Reihe Monitorboxen für die Sänger. Seitwärts daneben steht eine Mixerfront der Monitorleute und sämtliche Instrumentenhüllen, Cases, Mäntel und Hüte liegen auf Stühlen am Rand. In fünf Metern Abstand zur „Bühne" steht mitten im Saal das Saalmischpult und daneben Monitore, deren Funktion sich mir im Moment nicht erschließt. Hinter dieser

Frontmixerkonsole, die den Saal in der Mitte teilt, tummeln sich unzählige Menschen. Der ganze Stab, die Teilnehmer, Kameraleute laufen unaufhörlich zwischen allen herum und filmen, Presse ist schon da und alles redet durcheinander. „Ребята!“ (Kinder/Leute) schneidet sich plötzlich Polina Bertens Stimme durch das Gewirr. „Wir proben hier! Bitte!“ Es wird kurzzeitig fast still im Saal. Imad ist fertig, er kann gehen. Ich bin dran, denke ich und da spielt auch das Orchester schon meinen Song. Soll ich schon? Ich suche Polinas Blick und fange eine Ermunterung ein, mich ans Mikro zu begeben. Da dreht sich die dirigierende „Olga“ Li Otta zu mir um und winkt mich mit dem Taktstock ein. Ich singe los. Aber in meinem Kopf tobt Empörung. Spinnt die denn? Vielleicht sagt man einem Sänger erstmal Guten Tag, bevor man ihn einwinkt! Geht ja gar nicht.

Während ich mich innerlich aufbäume, ist plötzlich das Lied schon fertig gesungen. Ich habe es kaum gemerkt. Das Orchester klingt aus. Na gut denke ich, nochmal auf Anfang. Ich trete auf die Dame mit dem Taktstock zu, so nah, dass sie es spürt. Sie dreht sich erstaunt um und ich sage auf Russisch: „Ein perfekter Moment, sich mal Guten Tag zu sagen. Ich bin Tino.“ Sie ist konsterniert, erwidert aber die Begrüßung. „Was ist mit dem Mundharmonika-Anfang?“ frage ich, „Wir hatten dazu geschrieben.“ Sie wirkt verlegen: „Ach so, naja...“ „Gibt es Probleme?“ Polina ist herangetreten. „Nein gar nicht“, antworte ich, „aber eine Idee, die wir probieren wollten. Ganz einsam mit der Mundharmonika zu beginnen.“

Mir ist klar, dass mein Vorschlag einen doppelten Boden hat und nicht nur einer musikalischen Entscheidung bedarf, denn es gibt eine starke Assoziation. Mein Schwiegergroßvater, der 1942 als junger Mann in den Krieg musste und als technischer Aufklärer mit Sturmgepäck und LMG bis Berlin stürmte, hatte immer von den Mundharmonikas erzählt, die man nachts über die Frontlinie hinweg spielen hören konnte. „Die Deutschen mit ihrer Mundharmonika“ wurden damals für Russen zum Sinnbild und genau das will ich nutzen. Ich will dem Feindbild von einst etwas entgegensetzen und mein Lied, das eigentlich ihr Lied ist, als Deutscher mit der Mundharmonika beginnen. Ganz allein – wie damals in den Nächten zwischen den Schlachten, über die Frontlinien hinweg. Ich will hier „der Deutsche" sein, der alte und neue Wunden heilt und dem Eindruck, den unsere geschichtsvergessenen derzeitigen Spitzenpolitiker hier auf unverantwortliche Weise hinterlassen, etwas entgegensetzt. Ich will mit allen mir vorstellbaren Mitteln Botschafter sein. Also auch mit der Mundharmonika.

Gespannt schaue ich der Regisseurin ins Gesicht. Der Vorschlag ist offenbar neu für sie, obwohl ich ihn der Dirigentin schon vor einer Weile im Chat gemacht hatte. Kauft sie die Idee oder kommt jetzt eine lange Erklärung über Pietät?

„Ja bitte, probieren wir das." Polina kehrt ans Mischpult zurück und Li Otta wendet sich dem Orchester zu, nicht ohne mich vorher wieder einzuwinken. Ich spiele die ersten drei Töne... „Nein nein, nicht phrasieren." höre ich von der Dirigentin. Ich setze nochmal an und spiele genau die Melodie, mit der das Orchester dann das Lied auch beginnt. Das ist doch Mist, denke ich. Erst ich, dann das Orchester, dann der Gesang auf Hm hm... Aber soll ich jetzt schon gleich widersprechen? Ich habe Glück, denn nicht ich muss widersprechen, sondern Maxim, der bullige Bär von einem Tonmeister kommt herangelaufen. „Nicht die ganze Melodie spielen", brummt er. „Nur immer Andeutungen. Stück Melodie, dann frei, dann wieder Melodie, am Schluss nur einen langen Ton."

Ich weiß genau, was er meint, schnappe fast über vor Dankbarkeit und lege ihm eine Hand auf die Schulter: „Mein Lehrer, mein Meister" sage ich lachend und spiele die Melodie so, wie er sie beschrieben hat. „Ja genau. Und lass Dir alle Zeit, die Du brauchst." Er trottet zurück zu seinem Pult. Li Otta hat nicht widersprochen, obwohl sie erst so strikt gegen jede Phrasierung war. Ok, denke ich, das wird interessant. Vielleicht ist sie nicht arrogant, sondern nur unglaublich angespannt am ersten Tag und entgegen den Erfordernissen ihres Jobs, über Gebühr scheu. Das heißt, sie verdient nicht meine Ablehnung, sondern Stärkung, Bestätigung, Freundlichkeit... Das Lied ist schon wieder zu Ende. Ich habe es gesungen und es wieder kaum bemerkt. Zu viele Gedanken im Kopf. Na jedenfalls hat es nicht wehgetan! Den Anderen offenbar auch nicht. Die Musiker schauen zur Dirigentin, die schaut Richtung Regie, der Tonmeister nickt, die Regisseurin Polina kommt mit gebändigtem Lächeln in ihrer ganzen Anmut auf mich zu, öffnet ihren sinnlich schönen Mund und sagt: „Wir sehen uns zur Probe für das Finale." Stolze Zurückhaltung und Erhabenheit. Eine typische Russin. Ich finde diese Art wunderbar. Und meine Gedanken fliegen nach Hause...

Come together

In einem Kaffeegespräch mit zwei „Mädels“ von der Organisation beginne ich die Strukturen hier zu verstehen. Sie sind eine Agentur und offenbar eine von den größeren und sie arbeiten mit Россия 1, dem TV-Kanal zusammen. Die Technikfirma mit dem großen Maxim am Ton gehört offenbar zu den festen Partnern der Agentur, Regisseure wie Polina und Dima werden für bestimmte Produktionen eingekauft und das Orchester ebenfalls. Über der Agentur agiert also die Festivalleitung und die besteht in der Hauptsache aus drei Herren, denen ich für den Verlauf meiner Erzählung mal das Pseudonym „die drei Musketiere“ geben will, damit ich sie nicht jedes Mal, wenn sie wieder gemeinsam ins Spiel kommen, alle einzeln aufzählen muss. Dennoch besteht kein Grund, sie hier nicht einmal bei vollem Namen zu nennen. Oberster Chef des Festivals ist der Journalist und erster Stellvertreter des Generaldirektor des Staatlichen Rundfunk und Fernsehens Russlands, Andrey Kondrashov. Ein großer kräftiger und freundlicher Mann mittleren Alters, der sich sehr verkleiden und verstellen müsste, um unsensibel und hart zu wirken. Er ist ein ruhiger, aufmerksamer Zuhörer, zurückhaltender aber sehr zugewandter, interessierter Gesprächspartner. Seinen riesigen Verantwortungsbereich und seine Macht, die daraus resultieren muss, würde man ihm niemals zuordnen. Um ihn herum ist Respekt zu spüren, aber ich erlebe keinerlei Unterwürfigkeit ihm gegenüber, wie ich sie allzu häufig beobachte, wo Medienbosse oder andere hochgestellte Persönlichkeiten in Erscheinung treten. Vor ein paar Jahren hat er einen sehr tiefgründig recherchierten und sensibel erzählten Fernsehbeitrag über den Fall der Mauer in Deutschland gemacht, den man im Netz auch noch finden kann. Kondrashov gehört zu den russischen Journalisten, denen Deutschland die Einreise verweigert. Ich werde ihm heute am späten Abend zum ersten Mal persönlich begegnen.

Den zweiten Musketier habe ich schon via Mailverkehr kennengelernt, aber heute begegne ich ihm erstmals bei der Gemeinschaftsprobe zum Finalsong „Тёмная ночь". Er hatte mir geschrieben, dass er sich freut, mich in Moskau in die Arme zu schließen. Und das hat er offenbar ernst gemeint. Ernest Matskavičius, künstlerischer Leiter des Festivals, Journalist, Nachrichtenredakteur und -sprecher, Direktor einer Medienakademie und eines Medieninstitutes zweier Universitäten, strömt im Getümmel der Probe auf mich zu, als er mich in der Meute ausmacht, umarmt mich tatsächlich und plaudert auf mich ein, als hätten wir uns nur einfach eine Weile nicht gesehen. Er nennt mich sofort „брат – Bruder" und ist so kommunikativ, dass ich erstmal völlig überfordert bin. Wie auch Andrey ist Ernest jünger als ich, sehr agil und ein Mann, der die Aufmerksamkeit seines Umfeldes einfordert, dabei aber so unterhaltsam vorgeht, dass das Umfeld ihn bereitwillig und wie von selbst in seine Mitte nimmt. Er ist durch seinen Job als Nachrichtensprecher ein bekanntes Fernsehgesicht in Russland und gehört aus dem gleichen Grund ebenfalls zu den „unerwünschten Personen" in Deutschland. Sofort zieht er mich in Richtung des dritten Musketiers, Andrey Golodny, den ich hier fortan Andrey II. nennen möchte, weil mir Andrey G-Punkt irgendwie unpassend erscheint, ich ja aber die beiden Andreys hin und wieder auseinanderhalten muss. Hätte ich meinen drei Musketieren auch die von Alexandre Dumas vergebenen Namen zugeordnet, so wäre Andrey II. mein Aramis gewesen. Ein schlanker, sanftmütiger, beweglicher, beflissener, beredter und charmanter Mann, dem man wohl eine Ader für das Geschäftliche nicht sofort unterstellen würde, der uns aber immerhin als The President of the Humanitarian World Fund und Organisator des Festivals vorgestellt wird. Andrey II. wird an allen folgenden Abenden der erste Mann auf der Tanzfläche sein und vor keinem Karaoke-Song Halt machen, sei er ihm auch noch so ungeläufig. Unter den drei Musketieren ist er der „Niedliche", mit einer so großen Freundlichkeit, dass man ihn fast bedauern möchte, weil man meinen könnte, er sei zu gut für diese Welt. Aber er muss es trotzdem draufhaben, sonst wäre er nicht in den Positionen, die er innehat. Andrey II. spricht mich sofort auf meine deutsche Nachdichtung von Okudshavas „Виноградная косточка" (Weintraubenkernchen), auch „Grusinisches Lied" genannt, an, die er bei YouTube in meinem Duett mit Lidia Valenta gesehen hat. „Wir müssen dieses Lied heute Abend unbedingt zusammen singen" schüttelt er mir euphorisch die Hand und schwirrt weiter.

Der Finalsong wird ein Playback sein, das sie mit unseren Stimmen vorproduziert haben. Dafür hatte ich ja auch meine gesungene Zeile als Einzelspur schicken sollen. Es ist also mehr eine erste Stellprobe, an der wir zu arbeiten haben und das ist ziemlich schnell erledigt. Geordneter Aufgang, Singen der eigenen Zeile in der eigenen Sprache, dann den Schlussteil alle zusammen auf Russisch. Aber auch das haben wir ja schon jeder für sich zu Hause eingesungen und hier wurden alle Stimmen zusammengelegt. Polina kündigt an, dass wir von heute an jeden Tag eine solche Finalprobe im Tagesablauf haben werden. Und dass wir uns in einer Stunde oben im zweiunddreißigsten Stockwerk des Hotels zum Bankett treffen – der Begrüßungsabend mit der offiziellen Eröffnung des Festivals wartet auf uns.

Ich habe mich über die ersten Arbeitsstunden mit Johnny Moonlight angefreundet und so finden wir uns auch in der zweiunddreißigsten Etage so ziemlich als Erste ein. Johnny ist ein passionierter Selfy-Jäger und sofort muss also auch ich mit ihm vor dem grandiosen Blick auf Moskau bei Nacht posieren. Mit seiner unwiderstehlichen Rock'n Roll Eleganz schwingt Johnny auch auf die anderen eintrudelnden Künstler zu – das Kennenlernen beginnt. Als der Saal voll ist, beginnt der Abend mit einer Ansprache von Ernest und Andrey II. Sie würdigen die Internationalität des Festivals, sagen ein paar Worte zur Entstehungsgeschichte, während bereits unaufhörlich Kellner durch den Saal summen und die großen runden Tische, an denen wir sitzen mit leckersten Speisen beladen. Auf den Beistelltischen stehen für jeden Tisch die Getränke jeglicher Couleur. Wodka, Whisky, Kognak, Champagner, Wein, Bier und Nichtalkoholisches. Wow! Die holen aber richtig aus hier. Und immer noch mehr Speisen in einer unüberschaubaren Serie von Gängen.

Und wieder ist es Johnny Moonlight, der den „Vortänzer" macht, als erster Künstler unter den Festivalteilnehmern mit einem Sektglas nach vorn auf die Tanzfläche tritt und ein Mikrophon ergreift. Er hält eine kleine Rede ohne überraschende Inhalte und kündigt an, sich und seine musikalische Leidenschaft mit einem Karaoke-Song vorzustellen. Natürlich singt er ELVIS und er macht es individuell genug, um seine eigene Persönlichkeit erkennbar werden zu lassen. Das Sektglas in seiner Hand bringt es während des Songs zu größtem Selbstverständnis und wartet geduldig auf den Schlussakkord, mit dem es von Johnny in die Höhe gehoben und von seinen Gevattern in unseren Händen zurückgegrüßt wird. „Дорога на Ялту!" ruft jemand in den Saal. „Дорога на Ялту!" klingt es zurück von den Tischen, während wir mit den freien Händen unseren Applaus für Johnny auf die Tische klopfen. Irgendwie scheint erst jetzt Jedem klar zu sein, dass wir für die kommende Woche und vielleicht darüber hinaus zusammengehören werden. Wir alle haben uns über die Doktrin der Regierungen unserer Staaten hinweggesetzt, um im Namen des Weltfriedens die Sprache der Kunst anzuwenden. Nicht für jeden der hier anwesenden Künstler war das ein sehr großer Schritt. Manche von uns leben in Moskau, andere kommen aus Ländern, die Freundschaft und Frieden mit Russland pflegen. Für sie mag es leichter gewesen sein, hierher zu kommen. Schwieriger war es oder wird es sein für die Künstler aus Italien, Frankreich oder den USA. Und die größte Hürde, darüber hegt auch hier niemand den geringsten Zweifel, habe ich zu überspringen. Denn nicht nur, dass meine Regierung zu Hause und alle, die ihr anstandslos folgen, seit mehr als zehn Jahren wirtschaftlich, verbal und nun auch militärisch und kulturell ganz besonders ambitioniert blankzieht gegen Russland. Nein, ich komme obendrein aus genau dem Land, das in jenem *Großen Vaterländischen Krieg* der Hauptfeind der Sowjetunion war und das nur ein Greisenalter gebraucht hat, dies zu verdrängen und uns vergessen machen zu wollen. Und obwohl ich eigentlich aus der DDR stamme, in der wir darauf eingeschworen wurden, die Gräueltaten der deutschen Nazis nie zu vergessen und den einst geschundenen Völkern in Demut zu begegnen, bin ich für alle hier aus der BRD und für „Deutschland", wie es jeder wieder nennt, zu diesem Contest angetreten. Ich singe in der Sprache des Feindes von damals, dessen Politiker von heute sich größte Mühe geben, nicht etwa als Freund Russlands oder wenigstens als neutral verkannt zu werden. Sie wollen genau das unterstreichen, was schon ihre Großväter waren – in Feindschaft mit Russland. Und Uncle Sam lacht sich eins und zieht an den Strippen, nicht erst seit Februar 2022.

Und so fühle ich mich diesem Festival wegen seiner Internationalität verbunden und wegen des jährlichen Gedenkens an die Zeiten jener Feindschaft vor achtzig Jahren. Mehr noch aber wegen der vierzig Jahre, in denen wir im kleineren Teil Deutschlands aber einem großen Teil der Welt versuchten, Freundschaft zwischen den Völkern zu säen. In denen sich die Vertreter jenes kleineren Deutschland bemühten, mit der eigenen Geschichte im Nacken, Teil eines Völkerbundes zu sein, der den Kreislauf von Profitgier, Imperialismus und Völkermord durchbricht und einem neuen Denken fern von Geiz und Eigennutz die Türen öffnet. Karl Marx hat gesagt, dies würde nur gelingen, wenn es den Kapitalismus als Gegenspieler nicht mehr gäbe, denn dieser würde mit größter Innovation immer wieder das Ich-will-haben-Denken der Menschen fördern und damit auch das Leben auf Kosten anderer bis hin zum Krieg. Wie viele Apokalypsen wird es noch brauchen, bis der Mensch weiter nach solchen Wegen sucht? Lenin hatte Marx gelesen und mit seinen Schriften versucht, sein Volk trotz der Nachbarschaft mit dem Kapitalismus auf diesen neuen Weg des Denkens zu bringen. Er nannte das: Sozialismus – mitten im Bürgerkrieg zwischen dem alten und dem neuen Denken. Das Töten hatte schon früher begonnen. Unter der Herrschaft des Zaren hatten sie Lenins Bruder hingerichtet und es folgte eine lange gegenseitige Auf- und Abrechnung von Tod gegen Tod, was unter Stalin zur Neurose eskalierte. Und immer geschah dies übrigens unter Einmischung und Mitwirkung westeuropäischer Staaten. Im ersten Weltkrieg finanzierten sie die Bolschewisten, um die zaristische Kriegspartei zu schwächen. Dann finanzierten und unterstützten sie die Weißgardisten gegen die Roten, um Lenin zu schwächen – immer mit dem Ziel, etwas von den russischen Reichtümern für sich beanspruchen zu können. Als Stalin, nach Lenins Tod, all dem mit extrem harter und erbarmungsloser Hand ein Ende bereitet hatte, wollte das geschundene Land beginnen aufzuatmen. Wirtschaftlicher Aufschwung und die Bekämpfung von Analphabetismus erhellten den Horizont. Aber nein, jetzt brachen die Deutschen den nächsten Weltkrieg vom Zaun und Stalins Überzeugung, sie würden die Sowjetunion nicht mit hineinziehen, erwies sich als verheerender Irrtum. Uncle Sam sah wieder zu und lächelte verständnisvoll. Doch als Stalin mit grimmigem militärischen Genie dem Verlauf des Krieges einen Wendepunkt gab und die Sowjetarmee nach drei Jahren Aufopferung nur noch siegreich Richtung Berlin marschierte, da war der große Kuchen an russischen Reichtümern nicht nur wieder verloren, sondern man lief sogar Gefahr, dass es in Kürze den ganzen Westen nicht mehr geben würde. Und erst da mischte sich Uncle Sam ein und eröffnete die lange erbetene Westfront. Warum geht mir das immer wieder durch den Kopf? Weil es so Vieles erklärt von dem, was heute ist. Warum die Amerikaner seit Jahrzehnten Militäreinheiten in der Ukraine ausbilden, warum man dort US-militärische Biolabore findet, warum die deutsche Regierung 2014 einer russlandunfreundlichen Regierung ins Amt verhalf, warum wir vollkommen resistent gegen jeden Hinweis über gestärkte Naziaufkommen und ausgelebte Russophobie dort waren und bis heute sind. Warum eine Ex-Kanzlerin berichten kann, dass das Minsk-2-Abkommen nur ein Täuschungsmanöver war, ohne dass es in deutschen Landen einen Aufschrei gibt. Warum Russland nicht länger vertrauen wollte, dass es mit Hilfe des Westens Frieden für den Donbass und alle fünf Millionen Russen in der Ukraine geben könne. Und es erklärt eben auch etwas von dem, was jemanden wie mich, im Namen vieler, die schweigen müssen, hierher führt um zu sagen, es gibt auch uns, die wir an eine europäische Friedensarchitektur mit Europas größtem Land Russland glauben.

Während ich all das denke, hat sich auch Zayat, der mongolische Festivalkandidat zu einem kleinen Gesangsbeitrag breitschlagen lassen. Ich weiß, dass auch ich irgendwann gebeten werde, also sollte ich das nicht zu lange hinauszögern. Denn ich habe keine Playbacks oder Karaoke-Takes. Ich würde das zur Gitarre anbieten und ohne großes Bum Bum. Na dann los. Ich verlasse den Saal und fahre mit dem Lift abwärts, um meine Gitarre zu holen. Mit mir steigt einer der Bodyguards ein, die am Eingang des Saales postiert sind, und fragt mich mit einem kurzen Blick auf meinen VIP-Ausweis, ob ich zurückkehren werde. Ich erkläre ihm, dass ich nur kurz zu meinem Zimmer will. Er erkundigt sich nach der Etage, drückt, und wir fahren gemeinsam abwärts. „Du bist der Deutsche, nicht wahr?", fragt er mit zurückhaltender Freundlichkeit. „Ja, der Deutsche." Vielleicht sehe ich ihn bei dieser Antwort fragend an? Ich weiß es nicht. Aber er antwortet in soldatischem Stolz, gemildert durch eine weiche Stimmfärbung und seinen offenen Blick, mit dem er mir begegnet, „Danke, dass Du gekommen bist." Dann blickt er wieder auf das Display des Liftes. Unser Gespräch ist vorbei und wir sind auch schon in meiner Etage angekommen. Er nickt nur kurz, ich steige aus und er fährt wieder nach oben. Vielleicht ist er nur mitgefahren, um Zeit für diesen einen Satz zu haben? So wie ich die Russen kenne, wäre das durchaus möglich und nicht untypisch. Er hat hier seinen Job als Security zu machen und dazu gehört nicht, mit den internationalen Gästen zu plaudern. Aber hier war seine Gelegenheit, mich wissen zu lassen, was er über meine Teilnahme an diesem besonderen Contest denkt. Während ich das überlege und dabei meine Gitarre, Stimmgerät, Kapodaster und Kabel aus dem Gepäck fische, merke ich, wie mein innerer Zensor mich fragt, ob ich die kleine Episode mit dem Bodyguard nicht etwas zu egozentrisch und pathetisch bewerten würde? Aber keineswegs, antworte ich mir selbst. Ich habe Episoden dieser Art schon häufig erlebt und sogar in meinem Buch „Das Lied vom Frieden" davon erzählt. Ich erinnere nur an den Gemüsehändler auf dem Sewastopoler Markt. Oder den Taxifahrer, der mich nachts um 2:00 plötzlich zu sich nach Hause einlud, um mit „dem Deutschen" über Politik zu sprechen... Ich kenne Situationen dieser Art und es wird bestimmt nicht die letzte gewesen sein. Dieser Bodyguard jedenfalls war nicht verpflichtet, mich zu meiner Etage zu begleiten und doch hatte es einen Grund dafür gegeben.

Nun bin ich also dran, mich dem Saal vorzustellen und es braucht dazu nur weniger Worte. Der Umstand, dass ich „der Deutsche" und trotzdem hier bin, sagt schon genug über mich. Den Rest überlasse ich meinen zwei Liedern. Das „Lied vom Frieden", mit dem temperamentvollen Finalgesang und dann die sowjetische Studentenballade „За туманом" (Mit dem Nebel), von mir nachgedichtet und auf deutsch-russisch gesungen, bilden für's erste ein schönes Kurzportrait. Im Verlaufe des Abends bieten die meisten Teilnehmer und sogar ein Mitglied der Jury, der italienische Operntenor Luca Minelli, auf Karaokebasis etwas von ihrer Gesangskunst an. Es sind wirklich starke Sängerinnen und Sänger dabei. Aber ich bemerke an mir, dass ich sie keine Sekunde als Konkurrenten sehe und frage mich, warum? Die Antwort ist wohl sehr einfach: Ich bin nicht hier, um gegen sie anzutreten, sondern mit ihnen. Ich wünsche mir, dass wir alle gemeinsam ein Zeichen setzen. Das Format Contest ist mir vollkommen egal dabei. Jeder von uns wird so gut sein, wie er oder sie kann und die gemeinsame Poesie, die daraus entsteht, wird unser Statement sein.

Irgendwann in halber Nacht ist schließlich auch der erste Musketier, Andrey Kondrashov, eingeflogen. Obwohl er der Chef des Ganzen ist, wurde um sein Erscheinen kein Theater gemacht. Er kam einfach dazu und feierte mit.

Es ist spät geworden, spät in der Nacht. Langsam sind alle Karaokeideen versiegt und im Saal kommt es zu Momenten, in denen man sich ohne zu brüllen unterhalten kann. Was für meine Begriffe ja zu den probaten Mitteln eines ersten Kennenlernempfangs zählen dürfte. Aber ich habe ein Problem. Ich würde mich gern mit den Machern des Festivals unterhalten aber ich will keineswegs, dass es bei ihnen oder gar bei den anderen Künstlern wie ein Anbiedern wirkt. So geht es mir schon meine ganze Karriere lang und ich möchte lieber nicht wissen, wie viele Connections mir dadurch vorenthalten blieben, dass ich es nicht fertigbringe, wie manch ein geschätzter Kollege auf die vermeintlich wichtigen Leute einfach zuzuströmen. Ich erinnere mich immer wieder an meinen ersten Auftritt im Westen, der mir zu meiner Überraschung schon 1988 möglich wurde. Auch ein Festival-Contest, die sogenannte „Talentebörse“ in Bregenz (Österreich). Ich hatte mit meiner Perestroika-Ode „Unbequemer Geist“ den zweiten Platz in der Kategorie „männliche Teilnehmer“ errungen und stand also als einer der Sieger abends auf dem Abschlussempfang herum. Ringsum beobachtete ich, wie die anderen Teilnehmer, ob nun Sieger oder nicht, wie die Fliegen an den Sponsoren und österreichischen Medienleute klebten. Plötzlich kam die attraktive Moderatorin des RAI auf mich zu mit dem Satz: „Na und Du stehst hier ganz allein herum? Du hättest doch was zu feiern nein?“ Ich zeigte in die Runde und antwortete: „Ja, aber hier hat wohl keiner Zeit für mich.“ Sie verdrehte die Augen, entgegnete aber sachlich: „Alle machen Connections. Hast Du's nicht nötig?“ „Doch bestimmt. Aber ich muss schon fast kotzen, wenn ich nur zusehe.“ Sie lachte herzhaft und schön. „Ja aber das ist keinesfalls unsympathisch!“ Wir bestellten ihr einen Cocktail und es wurde doch noch ein angenehmer Abend...

Nun, eine Moderatorin vom RAI ist hier nicht gegeben und es handelt sich nicht um das Abschlussfest des Festivals, sondern um seinen ersten Abend. Ich halte mich an dem Begriff *Kennenlernempfang* fest, nehme eine Wodkaflasche und vier Gläser von einem der Beistelltische und steuere auf den Tisch der drei Musketiere zu. Als Ernest mich kommen sieht, springt er auf, winkt mich heran und ist offensichtlich froh über meine Initiative mit dem Wodka. Andrey Kondrashov begrüßt und beglückwünscht mich zu meinem Vorschlag, „Журавли“ zu singen. „Das wird auf jeden Fall einer der Favoriten des Wettbewerbs“, fügt Ernest hinzu. Da ist es wieder, dieses Wort *Wettbewerb*. Ich will sofort ernsthaft werden und gebe zu verstehen, dass mich der Wettbewerbsgedanke hier gar nicht so erfüllt. „Das wissen wir“, antwortet Ernest, „das war uns klar, nachdem wir Deine erste Mail gelesen hatten.“ Und wir erheben unsere Gläser auf die Freundschaft.

Das Bild von einem Deutschen

Heute ist der 27. April und wieder ist es mein ungarischer Freund Johnny, dem ich als erstem beim Frühstück begegne. Das heißt, eigentlich sind wir beide schon fertig mit dem Frühstück, als wir uns in der Lobby begegnen. Ich komme ihm wohl wie gerufen, denn er hat in der Nähe eine traditionelle Markthalle ausbaldowert, die er besuchen möchte und fürchtet sich wohl etwas vor der Sprachbarriere. Warum er kein Russisch spreche, frage ich ihn, denn er ist nur ein paar Jährchen jünger als ich und schließlich aus Ungarn, wo doch Russisch, genau wie in allen anderen Warschauer Vertragsstaaten, erste Fremdsprache war. Weil er doch in England aufgewachsen sei und ich verstehe sein fließendes Englisch, wie auch sein fehlendes Russisch.

Zwischengedanken: Ich hingegen entpuppe mich schon beim Erzählen meiner Erlebnisse immer wieder als „Ossi" – allein schon mit der Wahl meiner Worte: *Warschauer Vertrag* zum Beispiel. Im westgeführten Deutschland sagen ja die meisten Menschen inzwischen *Warschauer Pakt* zu jenem Bündnis sozialistischer Staaten. So wie wir nicht mehr in der Lage sind zu sagen, obwohl das korrektes Deutsch wäre: „Es hat (keinen) Sinn", weil uns die erfolgreichen westdeutschen Businessmaker längst das vom amerikanischen „It makes (no) sense" abgeleiteten „Es macht (keinen) Sinn" mitgebracht und eingebläut haben, so benutzen wir eben heutzutage auch das abfällige *Warschauer Pakt*. Denn wir haben gelernt, uns anzupassen, um nicht gleich als „Ossis" aufzufallen. Ganze Biographien haben wir nach der Wende zugunsten einer größeren Werte-Westen-Akzeptanz frisiert und unsere Haut dabei unter Wert zu Markte getragen. Und welchen Sinn hatte das für die sogenannte Wiedervereinigung und das von nun an gemeinsam zu gestaltende

Deutschland? Keinen. Es machte die Vereinigung zu einer Übernahme einerseits und einem Beitritt unsererseits. Alles lief nun für uns, wie es in der BRD seit 1945 gelaufen war. Adenauer hatte die alten Nazis zurück in Amt und Würden geholt, um das bundesrepublikanische Nachkriegsdeutschland instand zu setzen. Und die Kinder und Erben jener Nazieliten bekamen jetzt die Chance das zu vollenden, was mit der Ermordung von Karl Liebknecht und Rosa Luxemburg und der Bücherverbrennung 1933 begonnen und durch den Sieg der Sowjetarmee 1945 im Osten Deutschlands ausgesetzt worden war – die Vernichtung jeglichen Gedankengutes, das es noch wagte, sich dem kapitalistischen Machtanspruch entgegenzustemmen. Dafür musste man jetzt lediglich westgeschulte „Bestimmer“ an alle Schaltstellen im Osten setzen, die die kulturellen und ideellen Werte dort einfach ignorierten. Man musste die Köpfe des Ostens zu „Tätern“ stigmatisieren, egal, ob sie ein politisches Amt bekleidet hatten, Kindergärtnerin und Schul- oder Betriebsdirektoren waren, in der Wissenschaft erfolgreich oder im Sport, oder ob sie Medienleute und Künstler waren, die als Publikumslieblinge „das Volk verführt“ hatten. Direktoren wurden abgesetzt, Doktorenwürden wurden aberkannt, Lehrstühle umbesetzt, Studiengänge geschlossen, ganze Berufsgruppen wurden in die Perspektivlosigkeit entlassen, sportliche Leistungen wurden degradiert, Musiker und ihre Hits wurden diffamiert, Rentenansprüche aberkannt und wer überhaupt arbeiten wollte, der tut das bis heute für mindestens 20% weniger, als im Westen. Das Ganze nannte sich dann „Aufbau Ost“, ein schöner Begriff aus dem guten alten Dritten Reich und wer sich aus dem Westen in den Osten schicken ließ, um dort, oft ohne jede Kompetenz, politisch die Geschicke der Menschen zu lenken, der bekam (und das ist kein Gag!) doch tatsächlich eine „Buschzulage“, wie man es eben schon seit jenen Zeiten nennt, da Deutschland seine Leute in die Kolonien aussandte. Bis in die heutige deutsche Regierung hinein braucht es offenbar einen „Ostbeauftragten“, was dem Herrschaftsdenken des westdeutschen Kapitals wohl einfach sagen soll: Wir haben einen Kommandanten dort im Busch abgestellt, der die Domestizierung derer, die noch immer nicht der bundesdeutschen Norm(alität) entsprechen, weiter überwacht und gestaltet. Auch ein altbewährtes Prinzip, wie man es schon in den indianischen, australischen und afrikanischen Reservationen anwandte. Nie werde ich den Satz eines indianischen Freundes vergessen, der mich eines Tages an seiner trockenen Erkenntnis teilhaben ließ, dass wir Ossis einfach die Indianer Deutschlands seien.

Und was natürlich auch von Anfang an gern genommen wurde für dieses Vernichtungswerk waren Ossis, die fleißig dabei halfen, das Wissen und die Erfahrungen aus den vierzig Jahren als obsolet hinzustellen oder am besten gleich als verbrecherisch. Dieser Schlag Menschen ließ sich ebenso schnell ermitteln wie fördern und setzte sich aus verschiedenen Gruppen zusammen. Gruppe eins waren die, um der eigenen Karriere und Anerkennung selbst ernannten „Widerständler", deren prominentestes Beispiel wohl Angela Merkel sein dürfte. Ich kannte ihren Vater, den Pastor Horst Kasner, ein wenig, der mich die letzten sieben Jahre vor seinem Tod für Auftritte in seiner kleinen Kirche in Alt-Placht, Nähe Templin, entdeckt hatte. Als wir im Frühjahr 2005 einmal abends über seiner Kollekte saßen und auf Politik zu sprechen kamen, zeigte er sich ziemlich mürrisch und ungehalten über die politischen Taktiken seiner Tochter. Er konnte weder leiden, dass sie sich als deutsche Ministerin in Washington für Schröders Ansage, „Wenn Ihr im Irak Krieg führen wollt, rechnet nicht mit uns." entschuldigt hatte, noch dass sie stets den Eindruck vermittelte, in der DDR zum Widerstand gehört zu haben. „Wir hatten nicht die Biographien genormter sozialistischer Persönlichkeiten vorzuweisen," brummte er, „aber wir hatten auch nichts auszustehen. Keiner von uns." Seit seine Angela im Herbst 2005 Kanzlerin geworden war, spürte ich dann eine ungewohnte Zurückhaltung bei Herrn Kasner. Er schien sich auf seinen humanistischen Auftrag als evangelischer Pastor zurückgezogen zu haben und sprach, jedenfalls in meiner Anwesenheit, der ich zweimal im Jahr bei ihm Konzerte gab, gar nicht mehr über Politik. Aber selbst ernannte Widerständler gab es in allen Bevölkerungsschichten und weil man wusste, sie zu hofieren und zu bevorzugen, kamen sie auch schnell aus der Deckung und dienten sich den neuen Herren an.

Die zweite Gruppe von Menschen, die denen mit der „Buschzulage" zur Hand gingen, war diejenige derer, die tatsächlich mit dem DDR-Staat in Konflikt geraten waren und dadurch tatsächlich zu Widersachern wurden – oder umgekehrt. Auch jene, deren Eltern seit 1945 in solche Konflikte geraten waren und ihre Einstellung, dem sozialistischen Staat gegenüber gewollt oder ungewollt an ihre Kinder übertrugen. Sie waren die mit den wirklich schlechten Erfahrungen und dienten somit mit glaubwürdigen Argumenten und nun sehr hilfreich dem neuen System. Diese Gruppe war übrigens wesentlich kleiner als die der Selbsternannten und nur ein Bruchteil derer aus Gruppe Drei. Diese nämlich waren all die Menschen, die schlicht und ergreifend das Geld korrumpierte. Ihre Freiheit war jene, die man sich erarbeiten konnte. Sie waren in der alten Gesellschaft nicht aufgefallen und fielen auch jetzt nicht auf. Ideologie hatte für sie nie eine Rolle gespielt aber sie selbst spielten ihre Rolle gut. Sie wussten, was zu tun ist, arbeiteten hart, verdienten damit ihr Geld, kauften Wohnungen und Häuser, bereisten die Welt und kamen klar. Warum sollten sie den bescheidenen Verhältnissen im Sozialismus nachtrauern? Sie waren die lebenden Beweise dafür, dass es einfach darauf ankam, Geld zu verdienen und damit sein Glück zu machen. Freilich sollte nicht unerwähnt sein, dass sich besonders aus der dritten Gruppe nicht allzu selten Menschen zu Wort melden, die uns trotz persönlich erfolgreicher Umsetzung von Westkonzepten plötzlich eine ostdeutsche und skeptische Sicht auf das Gesamtprinzip BRD präsentieren. Wie zum Beispiel der Literaturwissenschaftler Dirk Oschmann mit seinem Buch „Der Osten. Eine Erfindung des Westens" Aber die mit der „Buschzulage" werden immer antworten: „Seht Ihr, das haben WIR aus Euch gemacht. Und trotzdem gibt es immer noch die Undankbaren unter Euch, die ewig Gestrigen, die einfach nicht begreifen wollen." Und es interessiert nach wie vor Niemanden in der so geführten Bundesrepublik, was das wohl gewesen sein könnte, was all die renitenten „Ossis" in den vierzig Jahren anderen Deutschlands erfahren und bis heute in sich bewahrt haben.

Der ungarische Johnny jedenfalls spricht kein Russisch, und ich liebe traditionelle Markthallen, wo auch immer auf der Welt. Also begleite ich ihn gerne. Auch wir kommen bei unserem Spaziergang auf Politik zu sprechen und ich frage ihn, nach dem Erstarken der Rechten in Ungarn. „Ach weißt Du," sagt er, „ich glaube man muss ein bisschen vorsichtig sein mit dem Begriff. Es gibt sehr viele konservative Ungarn und sie werden sehr gern gleich in die rechte Ecke geschoben. Dabei sind viele von ihnen eigentlich sogar links." Nanu, denke ich, das kommt mir jetzt aber sehr bekannt vor.

Die Markthalle finden wir nach zehn Minuten schon. Es ist ein modernisierter Altbau, dessen inneres Bild durch Ordnung besticht. Nichts mehr von zusammengezimmerten Holzlädchen, die sich gegenseitig festzuhalten schienen und einem dominierenden Geruchsgemisch von Fisch und Käse. Die riesige Halle hat noch denselben Aufbau wie eh und je aus äußeren und inneren Kreisen an Verkaufsbuden und Ständen. Außen herum hat man die Lädchen mit Haushaltwaren, Wein, Kosmetik oder Textilien, kurz, das Unverderbliche. Gleich bei den Eingängen die Imbissküchen für die Moskauer, die während einer Arbeitspause nur kurz etwas essen wollen. Hier dampfen schon mit Öffnung der Markhalle große Kessel mit georgischen Fleischtöpfen oder vietnamesischen Suppen. Asien ist in allen Stadtbildern Moskaus ohnehin reichlich vertreten. Usbeken, Tadschiken, Turkmenen, Kirgisen, die seit Generationen als einstige Sowjetbürger in Moskau leben und arbeiten. So sind für mich in den russischen Markthallen grundsätzlich die usbekischen Stände die ersten Magnetpunkte, denn sie verkaufen nicht nur wunderschönste Keramik, sondern auch großartige Gewürze, deren Anwendung ich mir natürlich jedes Mal wieder erklären lassen muss.

Johnny ist auf der Jagd nach echtem Kaviar und wird von einem Stand zum anderen gezogen, immer den hilfesuchenden Blickkontakt zu mir haltend, der ich mich einstweilen auf ein usbekisches Teeservice eingeschossen habe, dessen riesige Kanne allerdings ganz oben auf den Regalschrägen aus Gewürz-, Obst-, und Geschirrstiegen thront. Bewundernd verfolge ich nun, was die beiden Händler veranstalten, um an diese von mir bevorzugte Kanne heranzukommen. Denn nach anfänglichen und halbherzigen Versuchen, mir kleinere Kannen anzubieten, die weiter unten stehen und ohne Aufwand zu erreichen wären, nehmen sie nun, unten beginnend und sich nach oben arbeitend, einzelne Stiegen aus der Regalpyramide heraus und es entsteht eine Treppe, auf der schließlich der leichtere der Beiden nach oben turnt und mir meine Kanne bringt – nicht, ohne sofort die entstandene Lücke dort oben mit einer anderen Kanne wieder zu füllen. Dann werden die Stiegen wieder einsortiert und während sie mir alles flugsicher verpacken, kann ich Johnny ein bisschen beim Kaviarkauf helfen. Johnny ist ein sympathischer Lebemann, was sollte er sonst hier wollen, als Kaviar zu kaufen? Viel Zeit hat er allerdings nicht dazu, denn seine erste Probe beginnt heute um 10:45 Uhr. Als wir wieder im Hotel sind und Johnny zur Probe rennt, bleiben mir noch drei Stunden bis zu meiner Probe. Ich beschließe spontan, mich mit der Metro ins Stadtinnere spülen zu lassen und dort ein bisschen zu schlendern. Ich bin vielleicht seit sieben Minuten unterwegs, als mein Handy summt und mir eine WhatsApp-Nachricht aus dem Org.-Büro ein Probenupdate verabreicht. Schönen Dank auch – Probe Tino/Dima um 11:00 Uhr. Gott sei Dank saß ich noch nicht in der Metro! Ich hätte nicht einmal das Handysummen wahrgenommen. Ich eile zurück und im Hotel angelangt, interessiere ich mich für das WO meiner Probe. Es ist der Raum 418! Mein Hotelzimmer.

Dima trifft kurz nach mir ein und bringt eines der Dolmetschermädchen mit. Offenbar steht meine kleine Katja erst am Nachmittag zu Verfügung, denn anders als ich konnte sie nicht so spontan auf das Probenupdate reagieren. Ihre Klassenkameradin hier spricht auch kein Deutsch, sondern übersetzt Russisch – Englisch – Englisch – Russisch. Sie hat viel Freizeit bei dieser Probe aber offenbar auch Spaß, diese Phase künstlerischer Arbeit zu beobachten und kennenzulernen. Dima und ich handhaben es wie am ersten Tag: Er ist der Regisseur, ich bin der Darsteller. Ich lerne nach und nach, diesem jungen Mann zu vertrauen, der selbst vom Theater kommt und seine Wünsche und Ideen stets mit viel Leidenschaft und Zugewandtheit vorträgt. Dieses Vertrauen, mich als Instrument zu verstehen und nach der Intention eines Regisseurs zu handeln, habe ich als Schauspieler schon ein paarmal praktiziert und dabei nicht selten bis zum Schluss gezweifelt. Als Sänger kenne ich es nur aus der Arbeit mit Heiner Lürig, meinem Produzenten für EISBRENNER-CDs und späteren Kreativpartner bei unserem Projekt HAUSBOOT, mit dem wir drei CD-Alben produziert haben. Heiner ist ein Komponist, der beim Musik produzieren so sehr von seiner eigenen Einschätzung der Dinge überzeugt ist, dass nicht auch nur eine halbe zusätzliche Note des Sängers/Texters Platz findet. Darauf von mir mal angesprochen antwortete er trocken: „Und dabei bin ich schon viel milder inzwischen. Heinz ist nicht nur einmal schreiend aus dem Studio gerannt." Gemeint ist Heinz Rudolf Kunze, dessen bekannteste Hits aus der kompositorischen Feder von Heiner Lürig stammen. Und mit solchen Rezeptbestätigungen im Rücken argumentierte er meist mit nur einem einzigen Satz: „Nein. So macht man das nicht." Das Resultat freilich waren drei schöne HAUSBOOT-Scheiben, auf die wir gemeinsam stolz zurückblicken.

Der junge Dima natürlich formt mich auf seine weiche Art. Er sagt nicht an, er schlägt vor, lässt mich probieren und anbieten, hört zu, korrigiert oder bestätigt. Ich folge ihm gern und seiner

Kompetenz, denn er ist der Russe und ich will ja vor Russinnen und Russen nicht nur bestehen, sondern glänzen.

Nach einem Durchlauf, in dem ich das Lied auf Deutsch und Russisch gesungen habe, sagt mein Regisseur unvermittelt: „Jetzt habe ich in Deinen deutschen Strophen ganz vergessen, dass Du Deutsch singst. Irgendwie lehrst Du mich gerade, dass diese Sprache auch sanft klingen kann." Ich freue mich immer über solche Komplimente, weil ich es so schade finde, dass man im Ausland von den Deutschen und ihrer Sprache immer nur das Kantige und Kratzende wahrnimmt. Und ich erinnere mich an die Georgierin in Tblisi, die meine Nachdichtungen genauso reflektiert hatte. So wie auch an den westdeutschen Produzenten Peter Schimmelpfennig, der sich auf Veröffentlichungs-Deals mit DDR-Bands spezialisiert hatte und 1985 auf JESSICA gestoßen war, deren Sänger Tino seine Texte selbst schrieb. Was ihm auffiele, sagte er damals, wäre, dass meine Texte weicher klängen, als die anderer deutscher Texter. Ich habe bis heute nicht herausgefunden, woran das wohl liegen mag. Eine mögliche Erklärung könnte sein, dass ich durch die Kindheitsjahre in Bulgarien, genug anders klingende Sprache in mir hatte, um meinem Texten für Lieder unbewusst einen etwas anderen phonetischen Anspruch zugrunde zu legen. Die intensive Begegnung mit der französischen, spanischen, englischen und russischen Sprache mag diesen Einfluss im Laufe der Jahre noch verstärkt haben und irgendwann ist es dann sowieso die eigene Note, die nicht mehr fragt nach dem Woher...

14:20 Uhr steht wieder eine Saalprobe für das Finale mit „Тёмная ночь" an. Direkt danach meine Orchesterprobe, bei der ich einleitend von Regisseurin Polina überrascht werde. „Wer ist jetzt dran? Ah Tino! Das ist schön, da kann ich mal was essen gehen. Tino, hab Verständnis, ich arbeite hier seit 10:00 Uhr und habe noch nicht gefrühstückt. Du brauchst mich jetzt nicht." Im ersten Moment bin ich fast beleidigt aber dann wird mir klar, dass das nicht weniger als ein Kompliment ist.

Unsere Dirigentin Li Otta ist heute keine Andere als gestern. Mit meiner Freundlichkeit ihr gegenüber kann sie nichts anfangen, kein Guten Tag, kein Lächeln, immer in die Noten vertieft oder konzentriertes Arbeiten mit dem Orchester. Trotzdem bin ich nicht bereit, das auf sich beruhen zu lassen. Sie ist eine versierte Musikerin und wird hier das vierte Jahr gebeten, das Orchester zu führen und die Arrangements zu schreiben. Es muss eine Tür geben, die man bei ihr aufstoßen kann, um ihr Herz zu sehen.

Den Abend werden wir auswärts verbringen. Wir sind zu einer Exkursion mit Dinner eingeladen. 17:30 Uhr treffen wir uns in der Lobby und besteigen den Bus. Ich habe die Gitarre nicht mitgenommen, was sich womöglich als Fehler erweisen wird. Aber ich möchte mich nicht exponiert darstellen und vor allem nicht so wirken, als würde ich darauf aus sein, überall meinen Auftritt zu haben. Wenn sie allerdings wieder mit Karaoke anfangen, dann bin ich natürlich im Nachteil. Macht aber nichts.

Der Tag und die Proben haben uns Festivalteilnehmer einander nähergebracht. Jeder hat jeden schon einmal beim Singen beobachten können. Wir haben gemeinsam das Finale geprobt und uns hier und dort mal zugelächelt. Der Franzose, Daniel Emoción, ist inzwischen auch angereist. Très charmant, ein sehr raumgreifender, faszinierender Typ. Wenn ich richtig gehört habe, ist er halb Sizilianer. Seine Frau ist Russin und wie er mir erzählt, leben sie mal in Paris, mal in Moskau. Die ersten Gespräche mit den Beiden sind schwierig für mich, weil sie auf Französisch-Russisch laufen und sowas immer totales Vokabelchaos in meinem Kopf verursacht. Noch im April war ich ja mit der Familie in Paris und konnte mein Französisch aktivieren – wenn alles in nur einer Sprache läuft, komme ich besser zurecht.

Wir werden am „Haus Alexandrow", das Teil des „Kurtschatow Institutes" ist, von Ernest Matskavičius empfangen, der uns mit einer Geschichte über seine ganz persönliche Verbindung zu diesem Haus und dem wissenschaftlich-kulturellen Komplex drumherum auf die anschließende Führung einstimmt. Hier nämlich hatte einst „Archimedes", das wunderbare Amateurtheater der Moskauer Staatlichen Universität seine Wirkungsstätte und das berühmt gewordene Theater für plastische Dramatik von Giedrius Matskavičius, was den kleinen Ernest natürlich prägte und auf immer mit dem Institut und dem Haus verband. Der Physiker Igor Wassiljewitsch Kurtschatow gilt als der „Vater der sowjetischen Atombombe", denn er legte hier den Grundstein der sowjetischen Nuklearwissenschaft. Natürlich fragt man sich, warum sie uns heute Abend ausgerechnet hierherführen. Aber da lernen wir auch schon den derzeitigen Präsidenten des Institutes, Mikhail Kovalchuk, kennen, der sich als eines der Jury-Mitglieder unseres Festivals vorstellt.

Während der Führung geht es nicht nur um die wissenschaftliche Arbeit des Institutes und seine erstaunlich ausgeprägte Verbindung zur Kultur. Erstaunlich natürlich nur aus heutiger, womöglich westdeutscher Sicht, denn wer in der sozialistischen Zeit aufgewachsen ist, den wundert es wenig, dass man sich auch in diesem Institut darum Gedanken machte, die wissenschaftlichen und anderen Mitarbeiter mit ihrer ausfüllenden Arbeit nicht von der Kultur abzuschneiden. Ich erinnere mich an unsere Tourneen in der DDR, bei denen wir es, wenn wir z.B. in Kulturhäusern von Volkseigenen Betrieben oder sogenannten Kombinaten spielten, mit dem dortigen Kulturobmann zu tun hatten. Eine bezahlte Planstelle für jemanden, der oder die sich um die Belange der Kultur für die Mitarbeiter zu kümmern hatte. Der erste Gastkünstler, der noch vor 1950 im Saal für wissenschaftliche Konferenzen des Kurtschatow-Institutes auftrat, war übrigens kein anderer als Mark Bernes, der erste Interpret von „Журавли", und bald wurde beschlossen, einen Kantinenclub außerhalb des Institutsgeländes zu errichten, damit Mitarbeiter und ihre Familien dort Zeit verbringen konnten. Und es wuchs ein Kulturpalast mit großem Saal und einer Bibliothek, die schon bei der Eröffnung 26.000 Bände umfasste...

Natürlich erinnert die Museumsführung uns auch an die Jahre des Großen Vaterländischen Krieges. Aus dem Augenwinkel bemerke ich, wie mich der Grieche, Ioannis Kofopoulos, ständig beobachtet und als ich ihn offen ansehe, wirft er mir, mit einer Handbewegung auf ein altes Stalin-Portrait deutend, eine Geste zu, die wohl etwas heißen soll wie: „Nehmt Euch bloß in Acht! Wir werden's Euch zeigen!" Ich ignoriere das mal aus Leibeskräften und folge weiter der Museumsführung, an deren Ende wir in einem Empfangsraum landen, in welchem ein kleines Büffet und Drinks aller Art auf uns warten. Der Raum selbst ist wie ein großer Salon eingerichtet, mit einem Flügel, einer voluminösen Couchecke und Wänden voller Bücher, unter denen mir auch deutsche Literatur auffällt. Als ich mich gerade dafür interessiere, was genau dort eigentlich zu lesen steht, schleicht der Grieche von der Seite auf mich zu und mischt sich auf Englisch in meine Gedanken ein. „Deutsche Literatur sogar?" „Ja", erwidere ich, „ein paar Klassiker und ansonsten Klavierpartituren."

Er überspringt den angenehmen Teil unserer Konversation: „Wieso denkt Ihr Deutschen schon wieder, ihr könntet Russland fertigmachen? Habt Ihr noch nicht genug vom letzten Mal?" Ich zügle meine schnelle Antwort, die eigentlich zornig ausfallen will und sehe ihn mir einen Augenblick lang etwas genauer an. Er ist kein besonders schöner Mensch und mir scheint, das kommt auch von innen. Jähzornig wirkt er und komplexbeladen, was er durch betont auffälliges Inszenieren seiner selbst zu verbergen sucht. „Ich glaube Du verwechselst mich mit unserer Frau Außenminister und einigen Politikern, die in Deutschland gerade das Kriegsbeil schwingen. Ich bin auch nicht Herr Scholz, den, wer weiß wer, bei den Eiern hat," erwidere ich also mit aller gebotenen Ruhe. „Ja aber Ihr habt diese Faschisten gewählt!" braust er mir entgegen. „Diesen Vorwurf muss ich fast gelten lassen," sage ich, „aber gerade Du als Grieche müsstest eine Idee davon haben, wie das so gehen kann mit den Wahlen. Ich gehöre jedenfalls zu dem Teil der Deutschen, die diese Leute nicht gewählt haben und die sich auch gegen diese Politik gegenüber Russland stellen. Und ich bin hier, um zu zeigen, dass es uns gibt." Er überlegt einen Moment. Seine Gelegenheit, einem Deutschen mal endlich die Meinung zu geigen, scheint ins Leere zu laufen. Er bellt den falschen Baum an und man sieht richtig in seinem Gesicht und im Wechsel seiner Körperhaltung, wie ihm das klar wird. Um nicht das Gesicht zu verlieren, lenkt er um auf einen Vortrag über die griechischen Partisanen im zweiten Weltkrieg, was mir bei anderer Gelegenheit nicht uninteressant vorgekommen wäre. Jetzt aber muss ich ihn leider freundlich ausbremsen und lade ihn ein, mal darauf ein Glas zu trinken. Während wir zum Buffet schreiten, legt er mir vertrauensvoll den Arm um die Hüfte und ich erwidere das, indem ich ihm meinen Arm über die Schulter lege. Ich greife zwei volle Wodkagläser vom Buffet und sage schnippisch: „Venceremos!" Er lacht, wird dann vorm Trinken aber doch noch mal ernst und sagt: „Ihr Deutschen tut immer so, als müsste die ganze Welt nach Eurer Pfeife tanzen. Dabei tanzt ihr selbst bloß im Arsch der Amerikaner." „Dann trinken wir auf die anderen Deutschen, die Du erst noch kennenlernst.", antworte ich und stoße mit ihm an.

Plötzlich schlägt der Abend in sein erfreulichstes Gegenteil um. Zara erscheint und wird augenblicklich von dem Schwarm der hier tonangebenden Männer umringt. Und weil sowas, wie schon erwähnt, überhaupt nicht mein Ding ist, halte ich vorerst Abstand und beobachte das Getümmel. Sie ist schon wirklich ein Bild von einer Frau und es wirkt irgendwie filmisch, wie sie selbst das Spiel spielt und dabei immer wieder auf die Balance zwischen Vereinnahmung und Hingabe achtet. Sie scheint mir, bei aller gottgegebenen Schönheit, ein irdischer und geerdeter Typ zu sein. Ich weiß ja, dass sie auch Mutter ist und also nicht nur das Leben einer Pop-Diva kennt oder gar führt. Aber die würdevolle Eleganz und Zurückhaltung scheinen ihr auch als Schutzschild zu dienen und sie vor zu viel Schultergeklopfe zu bewahren. Und es gilt nicht zu vergessen, sie ist grad in ganz Russland und darüber hinaus eine Ikone. Das heißt, hier geht es um Größenordnungen, die selbst für eine Helene Fischer schier unerreichbar sind.

Ob es schon vorher klar war oder sie von den Festivalchefs überredet wurde, weiß ich nicht. Jedenfalls bekommt sie jetzt ein Mikrophon in die Hand und ihr Assistent legt am Mischpult Musik von ihr ein. Sie sagt ein paar kurze warme Worte und singt. Ganz nah, ohne Bühne, ohne besonderes Licht, für uns fünfzig Hansel. Selbst wenn man nicht das Geringste von Musik verstünde, wäre einem spätestens jetzt klar: Sie kann das, sie liebt das, sie ist eine herausragende und sehr musikantische Sängerin. Sie verzichtet vollkommen auf das immer so peinliche Anbiedern bei irgendwelchen Herren in der ersten Reihe, wie ich es schon so oft von deutschen Schlager- und sogar Rocksängerinnen gesehen habe, die damit wohl meist über die Peinlichkeit ihres Liedes oder der ganzen Situation hinwegtäuschen wollen und prompt alles noch peinlicher machen, indem sie sich fürchterlichen männlichen Gestalten auf den Schoß setzen oder rücklings in den Arm werfen, während eine ignorierte Ehegattin daneben bedeppert zu lächeln versucht. Nichts dergleichen ist hier zu erleben. Zara singt ihr Lied und dann noch ein zweites, verbeugt sich königlich und gibt dann das Mikrophon zurück. Ein weiteres Mal schließt sich der Männerschwarm um sie, aber dieses Mal windet sie sich mit einer halben Drehung aus dem Getümmel heraus und macht einen angedeuteten Schritt auf mich zu: „Tino, es ist schön, Dich kennenzulernen, willkommen in Moskau." Ich bekomme zwei Bussis und sage: „Sehr angenehm. Danke für Deine Lieder." Sie zückt ihr Handy. „Weißt Du, ich wollte Dir das Kleid zeigen, das ich tragen möchte, wenn wir zusammen singen." Ich bekomme ein Foto hingehalten, das einem den Atem verschlägt. Ganz in weiß, schwarze Haare, dunkler Teint. „Da gibt's keine Diskussion", sage ich und zeige ihr nun meinerseits die zwei Möglichkeiten für mein Outfit. Schwarzer Anzug und weißes Hemd oder mit schwarzem Hemd. „Das schwarze", entscheidet sie sofort und lacht, „James Bond und ein Engel.“ Viel länger wird unser Gespräch heute nicht. Ich überlasse sie der Meute und nach einer Weile verabschiedet sie sich. Morgen werden wir zusammen proben.

Nach stundenlangem Tanzen und Singen geht auch dieser Abend vorbei und als wir alle zusammen in das Foyer des Hauses kommen, entspinnt sich, inspiriert durch den Klang des Raumes, eine getragene Gesangsimprovisation zwischen den beiden Algeriern, der Inderin, dem Griechen und mir. Die meisten anderen stehen drumherum und filmen uns. Es ist ein tonales Schwingen, mal mantrenhaft, mal gregorianisch, dann orientalisch verspielt, manchmal rhythmisch aufgeladen... spannend. Ich liebe Gesang dieser Art, bei dem jeder nächste Ton erst erfühlt werden will. Als man uns schließlich doch in den Bus bittet, werde ich mit Fragen überhäuft. Die Algerier wollen wissen, woher ich das könne und Simone, der italienische Gesangspartner von Cassandra de Rosa meint, sie hätten sich heute Morgen beim Frühstück schon über mich unterhalten – irgendwie entspräche ich nicht ihrem Bild von einem Deutschen. Und jetzt noch diese Art Gesang?! So viel Empathie und Eleganz in den Tönen. „Tja,“ sage ich ein bisschen verlegen in die internationale Runde, „das Bild von einem Deutschen.“

Ein helles Lied des Gedenkens

28. April 2023 und in Deutschland erscheint heute meine Single „Keine Meile von hier“. Ein lyrischer Protestsong, der nach derzeitigen kommerziellen Gesichtspunkten in diesem Land nicht die geringste Erfolgschance hat. Aber weil er erst nach meinem aktuellen Album *Kalumet* entstanden ist und das aktuelle Geschehen spiegelt, habe ich ihn außer der Reihe mit *Eisbrenner & Tatanka Yotanka* produziert und veröffentliche ihn vorerst auf allen üblichen Internetportalen, also bei Spotify & Co, wie wir das nennen. Inspiriert von „Deutschland. Ein Wintermärchen“ (Heinrich Heine), mit dem ich, gleich einer Staffelstabübernahme, seit dem Ableben des großartigen Mimen Eberhard Esche auf die Bühne gehe, und angewidert von aktueller deutscher Politik, sehe auch ich die Legende des alten Kaiser Barbarossa und seiner Heerschar im Kyffhäuser erwachen. Was Heines satirisches Versepos noch nicht haben konnte, war jener bittere Beigeschmack, den man empfindet, wenn man weiß, dass auch die Nazis Gefallen an dieser Vision hatten und ihre geheimen Pläne zum Überfall auf die Sowjetunion „Unternehmen Barbarossa“ nannten. Und so frage ich mit meinem Lied in mein deutsches Land hinein: „… braucht Ihr schon wieder so’n Unternehmen?“ Und während also zu Hause diese Frage im Raume steht, bin ich in Moskau und verbringe den Vormittag heute mit mir allein. Ich schlafe aus, schreibe in meinem Tagebuch, klimpere auf meiner kleinen treuen Traveller-Gitarre und übe besonders die russische Strophe von „Журавли“. Morgen ist Halbfinale und heute um 14:00 Uhr wird Zara für eine gemeinsame Orchesterprobe ins Hotel kommen. Kurz vorher holt mich mein Regisseur Dima aus dem Zimmer und teilt mir mit, dass es ein kleines Treffen vorab mit Zara in ihrem Zimmer geben soll, um uns auf die Probe vorzubereiten. Zaras „Assistent“, den ich schon vom Vorabend ken-

ne, öffnet uns die Tür. Er ist unnahbar und korrekt wie alle guten Bodyguards und Zara winkt uns schon vom Sofa aus zu sich. Sie hatte wohl gestern tatsächlich noch eine weitere Show zu bestreiten, entschuldigt sich für ihre „abgekämpfte Erscheinung". Das wirkt nicht wie „Fishing for compliments" und darum halte ich mich bedeckt. Aber Dima übernimmt die Rolle gern und in seiner liebevollen Art gesteht er ihr, was auch ich denke – egal, wie abgekämpft sie sich tatsächlich fühlen mag, sie sieht hinreißend aus. Auch in Jeans und Blouson. Wir kommen ziemlich schnell über den ersten Smalltalk hinweg. Zara interessiert unser Zusammenklingen in der russischen Strophe und Dima startet seinen Laptop zu einem Probedurchlauf. Zara singt noch mit Textblatt, ich riskiere es schon ohne. Was folgt, ist Zaras spürbar erleichterte Begeisterung. „Du singst ja völlig ohne Akzent," schmeichelt sie mich an. Ich deute auf Dima und sage: „Ich hatte einen guten Lehrer. Das ist sein Werk." Also haben wir uns nun alle einmal im Kreis gelobt und können uns selbstbewusst in die Orchesterprobe werfen. Dima und ich gehen schon mal vor und Zara folgt uns einen Lift später. Unten erwartet mich das gewohnte Prozedere. Großes Getümmel hinter der Mixerfront, die alles ordnende und anleitende Polina und eine konzentrierte Dirigentin Olga Li Otta, die aber sehr wohl Interesse daran zeigt, Zara zu begrüßen. Nicht aber devot dem Star gegenüber, sondern eher freundschaftlich vertraut. Nun gut, sie arbeiten nicht das erste Jahr zusammen. Ich selbst spiele in dieser Begrüßungszeremonie keine Rolle, habe das aber auch nicht erwartet. Wir sind auch sofort dran mit der Probe, ich spiele mein Mundharmonikavorspiel und das Orchester setzt ein. Schon nach den ersten Takten bricht Zara ab. „Kinder, könnt Ihr das nicht ein bisschen gefühlvoller angehen? Nicht gleich alles auf eine Karte bitte!" Die Musiker blicken zur Dirigentin und diese bestätigt mit: „Halbe Kraft." Von vorn, gleich ab Orchester. Die erste Strophe singt Zara. Als ich mit der zweiten, meiner deutschen Strophe einsetze, bricht Zara zum zweiten Mal ab: „Oh je, bitte! Hört doch bitte mal hin, wie er singt. Da braucht es eigentlich fast gar nichts weiter. Bitte, Ihr könnt ihn nicht so zukleistern." Und das begeistert mich jetzt regelrecht. Dadurch, dass wir ja im Vorfeld das Lied für Zara einen Ton tiefer gesetzt hatten, muss ich für meine Verhältnisse recht tief anfangen. In der Tiefe habe ich natürlich keine Strahlkraft und singe also ohne Druck, auf sanfte nachdenkliche Art, während Li Otta die zweite Strophe aber orchestral aufblühen lässt, ohne bisher auf mich dabei zu achten. Wenn in der deutsch-russischen Fassung aber genau dort mein erstes Stück Gesang einsetzt, verdirbt mir das Orchester sozusagen den Auftritt. Wahrscheinlich hätte ich selbst das nie thematisiert, um nicht egozentrisch zu wirken aber Zara hat hier genug Standing, das sofort zu kritisieren. Die versierte Arrangeurin Li akzeptiert sogleich und braucht nur drei Minuten, um bei ein paar Instrumenten die Partitur auszudünnen. Viel besser – jetzt spielt das Orchester mit dem Solisten mit. Für die dritte, gemeinsame Strophe, die Zara und ich auf Russisch singen, hat der Star auch konkrete Vorstellungen. Wir verabreden, dass ich einen Schritt auf „elf Uhr" zugehen werde, so dass sie hinter mir vorbei auf meine rechte Schulterseite kommt. Das gefällt mir, denn dadurch habe ich sie auch an meinem rechten Ohr, fühle sie atmen und kann, ohne sie direkt anzusehen, mit ihr synchron singen. So wie es auch in einem Chor funktioniert. Wir arbeiten gut zusammen, verstehen uns schnell, klingen gut miteinander. Das Finale kann kommen.

Aber wohin denke ich denn? Morgen ist erstmal das Halbfinale dran! Da habe ich das ganze Lied allein und auf Deutsch zu singen! Zara verabschiedet sich von mir mit einer Umarmung und entflieht dem Getümmel. Ich bleibe noch ein bisschen und genieße die achtungsvollen Blicke im Saal. Alle wissen, dass „Журавли" ein Highlight werden wird und ich bin sicher, dass mich alle männlichen Teilnehmer um diese Duett-Partnerin beneiden. Wenngleich man sagen darf, dass auch die anderen weiblichen Stars hier jede Hochachtung verdienen. Es mag sein, dass Zara derzeit die Bekannteste von ihnen ist aber Polina Agureeva, Anna Bolshova und Ekaterina Guseva beeindrucken jede auf ihre Art und man begreift sofort, dass hinter ihrem Status wirkliches Können steht. Wie auch bei Yuta, die soeben beginnt, mit Hargun, der jungen Inderin zu proben. Sie ist sehr zurückhaltend und gibt Hargun den ganzen Raum aber man spürt ihre große gezügelte Kraft. Sie hat etwas, was Zara nicht in die Waagschale wirft – Rock'n Roll, aber gebändigt. Ich fühle mich ihrer Art sehr verbunden, denn ich selbst ticke ganz ähnlich. Als einer von Vielen auf eine Bühne gestellt, wird man mich immer zurückhaltend und schaumgebremst erleben. Während manch ein Kollege vorn am Bühnenrand turnt und die Arme nach oben reißt, stehe ich meist in zweiter Reihe und mime den Chor. Ich lasse die Anderen turnen. Anders sieht es aus, wenn ich die alleinige Aufgabe habe, die Bühne zu füllen. Und so funktioniert auch Yuta, ich fühle das. Natürlich hat sie bemerkt, dass ich über sie nachdenke verlässt den Saal nicht ohne ein charmantes kollegiales „Bis morgen". Ich spreche Ernest auf Yuta an und er erzählt mir, dass sie politisch sehr engagiert ist und sich mit Songs für die Opfer im Donbass eingesetzt habe. Wusste ich's doch – hier gibt es eine deutsch-russische Künstlerverbindung, die vielleicht ausbaufähig wäre.

Heute Abend schließe ich mich von jeglicher karaoke-verdächtiger Party aus. Erstens ist morgen der erste große Auftritt beim Halbfinale und zweitens bekomme ich Besuch von einem Deutschen, der seit vielen Jahren in Moskau lebt. Über die Bekanntschaft mit ihm werde ich vielleicht ein wenig später noch berichten.

Ich habe Glück, denn ich bin am nächsten Morgen in die zweite Staffel von Teilnehmern eingeteilt, die ein Shuttle-Bus zum Kreml bringen wird. So kann ich den Tag ohne Hektik beginnen und bis 11:20 Uhr all meine Belange ordnen. Das scheint heute früh gar nicht so einfach zu sein. Ich habe schlecht geschlafen, bin andauernd mit Hitzewallungen aus einer Art Hundeschlaf erwacht und jetzt entsprechend gerädert. Ein internationaler Contest ist eben kein einfacher Spaziergang. Ich verzichte auf Frühstück, probe stattdessen im Zimmer immer wieder den Song. Schließlich raffe ich all meine Sachen zusammen und steige vor'm Hotel in den Bus. Moskau präsentiert sich heute in schönstem Frühlingswetter und die Fahrt entlang der Moskwa hat etwas Erhabenes, wie ich finde. Alles ist größer und weiter angelegt, als der deutsche Blick es gewohnt ist. Ein gelungenes Beieinander von Geschichte und Modernität, gekrönt durch die goldenen Kuppeln russisch-orthodoxer Kirchen, die immer wieder das Stadtbild veredeln. Moskau ist eine pulsierende Metropole und strahlt dennoch große Gelassenheit aus. Das Verkehrsnetz steigert sich von Mal zu Mal, da ich die Stadt besuche, zu größerer Perfektion. Kürzlich haben sie einen weiteren Metroring eröffnet, der natürlich die Straßen entlastet und die großen Magistralen werden auch immer besser ausgebaut.

Wir fahren den Kreml nicht über den Roten Platz, sondern von der Rückseite aus an, wo uns eine der Fleißmeisen des Org.-Teams mit „Kreml-Pässen" erwartet. Dies will organisiert sein, ist aber kein geheimer Vorgang. Trotz aller Sicherheitsmaßnahmen ist der Kreml öffentlich und genauso zu besuchen, wie beispielsweise der Vatikan in Rom. Freilich haben unsere Pässe einen VIP-Charakter und wir stehen in der kürzeren Warteschlange zusammen mit Leuten, die im Kreml zur Arbeit gehen.

Unser Arbeitsplatz heute ist der *Staatliche Kremlpalast*. Nicht zu verwechseln mit dem 1849 fertiggestellten Gebäudekomplex *Großer Kremlpalast* mit seinen vielen Festsälen und zaristischen Wohn- und Schlafgemächern, wurde der *Staatliche Kremlpalast* 1961 als nach wie vor jüngstes Gebäude des Kremlgeländes errichtet, um Parteitage der KPdSU und andere Kongresse abhalten zu können. Den Platz für das eminente Gebäude gewann man durch den Abriss einiger Rüstkammern und Behausungen des zaristischen Militärs. Von Anfang an mischte die Sowjetmacht auch große Kulturereignisse unter die Veranstaltungen des Palastes, wie zum Beispiel das weihnachtliche „Jolka-Fest", Schachweltmeisterschaften und über längere Zeit sogar Aufführungen des Bolschoi Theaters. Als nach dem Zerfall der Sowjetunion der ursprüngliche Zweck des Kongresspalastes entfallen war, nannte man ihn um in *Staatlicher Kremlpalast* und widmet ihn seither ganz der Kultur. Und er ist, das rufe ich mir noch einmal ins Gedächtnis zurück, der sicherste Veranstaltungsort des Landes.

Der Sicherheitscheck läuft, trotz der VIP-Pässe wie am Flugplatz. Wir werden gescannt und der Grieche verursacht mal gleich einleitend einen Tumult, weil er wohl irgendeinen Krummdolch bei sich hat, der zu seinem Kostüm gehört und natürlich ein cholerisches Theater anzettelt, als er deswegen Fragen beantworten muss. Es ist erst das zweite Mal, dass ich mich überhaupt an eine Kremlwarteschlange anstelle, obwohl ich schon so oft in Moskau war. Das erste Mal war auch gar nicht, um in den Kreml zu kommen, sondern ins Lenin-Mausoleum an seiner Mauer auf dem Roten Platz. Das war Mitte der Achtziger. Ich hatte als Kind den präparierten und aufgebahrten Georgi Dimitroff im Mausoleum von Bulgariens Hauptstadt Sofia gesehen. Einen Kommunisten, von dessen Dimitroff-These oder seiner Arbeit von 1935 bis 1943 als Generalsekretär der Komintern in Moskau, heute noch kaum ein Linker irgendetwas gehört hat. Berühmt machte ihn etwas anderes. Dimitroff wurde 1933 in Deutschland verhaftet und der Mittäterschaft am Brand des Reichstages bezichtigt. Im Gefängnis lernte er Deutsch, verteidigte sich bei seiner Verhandlung selbst und musste freigesprochen werden. Inzwischen hat man Georgi Dimitroff beerdigt und das Mausoleum in Sofia abgetragen. 1985 bekam ich dann also die Gelegenheit, auch das Lenin-Mausoleum zu besuchen und Lenin zu sehen. Ich war damals kein Kind mehr. Heute nun, das Lenin-Mausoleum existiert noch, stehe ich in einer anderen Warteschlange und betrete zum ersten Mal das Areal des Kremls. Wie viele Menschen taten dies vor mir schon? Friedliche Menschen und unfriedliche. Taten es für Audienzen beim Zaren oder um mit Lenin zu sprechen. Taten es, um ihre Sorgen vorzutragen, um ihr Recht zu fordern. Taten es, um ihre Kunst zu zeigen oder um Kunst zu erleben. Taten es als Herrscher oder um Herrscher abzulösen. Taten es, um Völkerfreundschaft zu erleben oder einzuklagen. Taten es, um neue Brücken zu bauen – so wie ich jetzt.

Die Stell- und Kameraproben unseres Halbfinales laufen schon. Kostüm ist noch nicht nötig. Es geht nur darum, die Bühne kennenzulernen, die Auf- und Abgänge zu verabreden und von der bereits anwesenden Presse gesehen zu werden, um einen Interviewplan schmieden zu können, der natürlich bei den verschiedenen Künstlern unterschiedlich üppig ausfällt. Meiner wird ein Hinkelstein, weil ich, wie zu erwarten, mit jedem anwesenden Kamerateam und jeder Zeitungsjournalistin eine Verabredung treffen soll und zwar für ausführliche Gespräche. Schon bevor das Halbfinale beginnt, kommen Leute auf mich zu, um mir zu sagen, dass sie mich gerade in den Nachrichten gesehen haben, während ich schnell noch ein letztes Interviewversprechen einlöse und die anderen auf nach der Show vertröste. Wir sind heute nicht im großen Saal des Kulturpalastes, sondern in einem „kleinen", der nur tausendsechshundert Zuschauer fasst. Ich treffe Ernest und frage ihn, wer denn heute das Publikum sein wird. „Heute," sagt er zu meinem Erstaunen, „sind eigentlich nur geladene Gäste hier. Die ganz öffentliche Veranstaltung ist das Finale im großen Saal. Heute kommen Verwandte, Freunde, Mitarbeiter und wiederum ihre Verwandten und Freunde. Das Festival hat einen großen Fankreis, Du wirst staunen!" Na das glaube ich. Allein die kleinen Volontärflamingos sind ja schon zwanzig bis dreißig Kids, die als Dankeschön ihre Familien einladen durften. Und bei dem riesigen Team auch an technischem Personal ist es bestimmt nicht so schwer, diesen Saal mit Angehörigen und Freunden zu füllen.

Vor der ersten Reihe für das Publikum stehen kleine Tischlein und runde Sesselstühle für die Jury, deren offenkundigem Oberhaupt, Sängerlegende Lev Leshchenko, einer der Mittelsitze reserviert ist. Auch Zara ist Jurymitglied und ich bin nicht ganz sicher, ob das gut für mich ist. Wäre zu hoffen, dass die anderen beiden Jurymusiker Denis Maidanov und Kai Metov oder der italienische Opernsänger Luca Minelli auch im Finale als Duettpartner eingesetzt werden. Ebenfalls Jurymitglied ist Mikhail Shvydkoi – ich glaube, er war mal Kulturminister. Moderatoren gibt es zwei. Tatjana Remisowa und Ernest Matskavičius. Ich bin erst nach der Pause dran, was einerseits gut ist für die Stimmung im Saal, andererseits für den wartenden Künstler eine Folter. Aber auch das bekomme ich rum. Den größten Stress macht mir meine kleine Volontärin Katja. Sie hat nämlich die Verantwortung dafür übernommen, dass ihr Künstler Tino hochmotiviert und pünktlich hinter der Bühne erscheint, um seinen Auftritt hinzulegen. Das heißt, sie steht, wie alle anderen Volontäre in ihren lila Hoodys auch, permanent in der ohnehin zu engen Garderobe, die sich mindestens fünf Teilnehmer teilen, und fragt, ob ich was brauchen würde, ob es mir gut geht, ob ich aufgeregt sei, wo ich jetzt hinwolle usw.

Irgendwann nehme ich sie beiseite und in den Arm, führe sie hinter die Bühne und setze sie dort auf einen Stuhl, von dem aus man die Bühne sehen und die Show ein bisschen verfolgen kann. Ich sage: „Катюша моя“, ich mache diesen Job schon länger als vierzig Jahre auf ganz großen und auch ganz kleinen Bühnen. Ich weiß, was eine Uhr ist, wie man sich im Programmverlauf orientiert und wie man im richtigen Moment den Weg auf die Bühne findet. Sei entspannt, warte hier auf mich, guck ein bisschen die Show von hier aus an. Ich brauche meine Konzentrationsphase ganz für mich allein, damit Du nachher stolz auf mich sein kannst.“ Sie sieht mich mit weit aufgerissenen Augen prüfend an. „Bist Du sicher?!“ „Ganz sicher“ erwidere ich und lasse sie hinter der Bühne zurück.

Und wie es immer ist, mein Auftritt selbst ist am schnellsten erzählt. Alles funktioniert reibungslos. Die einsamen Töne meiner Blues-Harp, das sensible Spiel des Orchesters, das wunderschöne russische Lied in meiner deutschen Nachdichtung und ein warmer Applaus des Publikums. Nach der Verbeugung darf ich die Bühne nicht gleich verlassen, sondern muss für ein kurzes Interview und die Einschätzung der Jury bleiben. Das Interview führt Ernest mit mir auf Russisch, während Tatjana versucht, mir das ins Englische zu übersetzen und meine englischen Antworten zurück ins Russische. Das Russisch-Englisch-Gemisch von den Beiden erzeugt wieder mein Sprachchaos im Kopf. Es verleitet mich, englisch zu antworten, worüber ich mich danach ärgern werde.

Ernest beginnt mit den Worten: „Tino, danke für dieses Lied und dass Du mit uns fühlst, was uns wirklich teuer ist. Danke für Deinen Mut, hierher zu fliegen. Wir wissen, dass das nichts Einfaches für Dich ist." Tatjana will übersetzen aber ich winke liebevoll ab. „Warum hast Du genau dieses Lied ausgewählt, warum „Журавли"?

„Ich versuche das auf Englisch zu erklären," sage ich aber Tatjana übersetzt leider in den Saal hinein, dass ich versucht hätte, das Lied auf Englisch zu singen. Egal denke ich und rede weiter: „Ich denke, dass Kultur die wichtigste Brücke zwischen den Völkern, zwischen den Menschen ist. Russland hat Tschaikowski, Dostojewski, Puschkin... die Deutschen haben Goethe, Schiller, Bach... Und wir brauchen diese Brücken! Ein Lied wie „Журавли" ist eine solche Brücke. Jeder kann es verstehen, weil es ein Lied über das Leben, über die Seele und aus dem Herzen ist."

Kai Metov, einer der Musiker aus der Jury mischt sich in das Gespräch. Offenbar ist er derjenige, der zu meiner Darbietung etwas sagen soll. „Tino hat wunderschöne Worte gesagt. Ich bin ganz seiner Ansicht. Es gibt sehr verschiedene Lieder über (diesen) Krieg. Darunter sind Lieder, die ganz aus dem Herzen, ja aus der Seele kommen. „Журавли" ist ein helles Lied des Gedenkens, der Erinnerung, eigentlich fast schon ein Requiem. Und ein solches Lied zu verinnerlichen, die Beziehung dazu durch sich hindurch fließen zu lassen, gleicht einer Prüfung der Wahrheit. Ich bin Ihnen sehr dankbar, Tino, für ihre Philosophie in Bezug auf dieses Lied... und für den Schmerz, den Sie durch Ihr Herz haben fließen lassen. Aber dabei war eine Helligkeit, war das Licht zu spüren. Vielen Dank für eine solche Hochachtung und das aus der Seele kommende Licht in Gedenken an alle Kämpfer, die an den Fronten des Krieges gefallen sind. Es ist von großer Bedeutung, dass dieses Lied auf Deutsch erklingt. Und dafür Ihnen auch ein gesondertes Dankeschön."

Ich brauche die englische Übersetzung nicht, denn Worte wie diese versteht man ohnehin nur mit dem Herzen und ich glaube auch nicht, dass Tatjana es auch nur annähernd auf Englisch zu jener Poesie bringen würde, die aus den russischen Worten Metovs klingt. Ich winke also wieder dankend ab. Ergriffen bekunde ich nur: „Ich habe alles verstanden. Dankeschön." Das Publikum applaudiert.

„Verabschieden wir uns also bis zum Finale?" fragt Ernest in meine etwas überwältigten Gedanken hinein. „Warum nicht?" Ich versuche cool zu sein. „Na dann," lacht er, „wir warten auf Sie!"

Hinter der Bühne fällt mir als Erste die kleine Katja um den Hals. Sie ist so außer sich vor Freude, dass man meinen könnte, sie selbst wäre gerade aufgetreten – und das ist sehr herzerwärmend. Ich habe ein paar Songs Zeit, dann muss ich schon zum Finale. Das Lied, gesungen von „dem Deutschen" auf Deutsch hat voll eingeschlagen. Ich bin Thema in allen Zeitungen und in den kommenden Tagen noch einige Mal im Fernsehen zu erleben. Immer kurze Ausschnitte der Darbietung oder der Interviews. Im Internet lief ein Livestream, jetzt auch hier immer wieder Schnipsel. Na klar, sie füttern das Publikum an für die eigentliche Show – das Finale „Дорога на Ялту", mit Livestream und Fernsehaufzeichnung mit anschließendem Schnitt für die Ausstrahlung am 8. Mai, dem Vorabend des großen Feiertages in Russland. Und mir geht immer wieder diese schöne Formulierung durch den Kopf – ein helles Lied des Gedenkens.

Ach so, Ueckermünde

Am späten Abend habe ich noch ein längeres Gespräch mit den drei Musketieren. So gut es halt geht, wenn dazu wieder Karaoke brüllt. Mein Auftritt liegt hinter mir und ich habe heute in den Interviews so viel über Politik gesprochen, dass es mich kaum wundert, auch in der Atmosphäre von Entspannung, Musik, Essen und Schnaps wieder bei der Politik zu landen. „Was glaubt Ihr," frage ich also, „war die Intervention in Form einer russischen Offensive wirklich die einzige Möglichkeit, die noch zur Verfügung stand?" „Es gibt nie nur eine Möglichkeit der Reaktion auf etwas" lautet die Antwort, „und es bleibt immer eine Frage der Abwägung. Aber wahrscheinlich war es wirklich der Augenblick, Kiew und dem Westen zu zeigen, dass Russland seine Bitten und Forderungen ernst meint. Krieg ist Politik – und diesem Krieg gegen die russischen Menschen und ihre Gefährten in der Ukraine sehen wir schon seit Jahren ohnmächtig zu. Millionen Flüchtlinge sind in dieser Zeit nach Russland gekommen. Wir haben sie alle genommen und nirgendwohin weitergeschickt, weil es unsere Verwandten waren. Russland hat in diesen Jahren auch Fehler gemacht aber wir verstehen, dass die Reaktionen des Westens auf unser Bitten, unser Fordern, unsere Angebote und unsere Fehler etwas offenbart haben, was mit der „Freiheit der Ukraine" gar nichts zu tun hat."

Leider weiß ich nur zu gut, was gemeint ist und muss nicht weiter nachfragen.

Sie sind nicht ans andere Ende der Welt gezogen, um sich dort die Ölvorkommen, Gold oder Uran zu sichern oder Ähnliches. Die Briten dagegen tun das seit Jahrhunderten. Die gesamte Existenz der USA beruht ja auf diesem Prinzip und nie haben westliche Staaten dagegen interveniert. Höchstens sind sie noch selbst los, um etwas vom Kuchen abzubekommen. Aber Russland, das die Lebensgrundlagen seiner über fünf Millionen Landsleute in der Ukraine zu schützen sucht und dem ungenierten Vorrücken der NATO bis vor Moskaus Haustür endlich Einhalt gebietet, soll am besten vernichtet werden, wie sich die deutsche Frau Außenministerin auszudrücken beliebte. Davon weiß ich genauso wie die Russen selbst und ihre ganze „russische Propaganda“, braucht nichts weiter zu tun, als unsere westlichen Politiker im O-Ton abzulichten.

Heute gibt es nicht viel zu tun. Es ist der Tag nach dem Halbfinale. Eine kurze Probe mit Dima für meine deutsch-russische Interpretation im Finale – alles ok. In der Hotellobby treffe ich Cassandra, die Italienerin, und ich sehe sie weinen. Auf mein Fragen hin erklärt mir Simone, ihr Bühnenpartner, dass durch den Livestream gestern und ein paar Instagramposts sich in Italien herumgesprochen habe, dass Cassandra in Moskau auftritt. Sie hatte wohl auch vorher kein Geheimnis draus gemacht und jedem Kritiker erwidert, sie lebe in einem freien Land und sie sei keine Politikerin, sondern Musikerin, die singen würde, wo es ihr passt! Darüber hatten wir vor ein paar Tagen schon einmal kurz gesprochen und ich hatte ihr erzählt, dass ich meinerseits in Deutschland höchstens fünfzig Leute eingeweiht hatte, wohin ich reisen würde, weil ich nicht ohnmächtig in Moskau zusehen wollen würde, wie in Deutschland irgendein blöder Shitstorm gegen mich losbricht. Genau das war nun ihr in Italien passiert und im Begriff, sich ins Uferlose zu steigern. Sie versuchte, sich medial zu rechtfertigen aber die Welle war natürlich größer und schneller als sie. Ich nehme sie in den Arm, diese junge hübsche Italienerin, die so schön lachen kann und nun einem Häufchen Unglück gleicht und sage: „Tu Dir, Simone und uns allen einen Gefallen. Geh mit Deinem Handy offline und lass sie sich auskotzen. Hilf ihnen nicht dabei, sich wichtig aufzuspielen. Du weißt, warum Du hierher wolltest. Konzentriere Dich darauf und mach Deinen Job. Du bist sehr gut darin und alle hier lieben Dich. Lass die Idioten draußen geifern, sie hören damit auf, wenn sie bei Dir ins Leere laufen. Du hast Simone, Du hast uns. Und Du

wirst in Italien vielen Menschen begegnen, die sich hier von Dir vertreten fühlen. Denk nicht mehr länger über die anderen nach."
„Grazie Tino, ich versuche es" schluchzt sie und Simone nickt mir zu wie einer, der genau das schon die ganze Zeit sagt oder denkt.

Als ich wieder nach oben in meine Etage fahre, sitzt dort die Managerin des mongolischen Wettbewerbsteilnehmers Zayat Battsengel auf dem Flursofa und arbeitet am Laptop. Ich setze mich einen Augenblick dazu und wir plaudern ein bisschen. Schnell sind wir uns einig, dass wir uns hätten schon viel früher mal unterhalten wollen, dass aber die geselligen Abendessen dies bisher leider immer durch laute Karaoke verhindert hätten. Aber klar, die Sponsoren bekommen dadurch ihre „persönliche" Party und siebzehn Künstler frei Haus, die das Abendprogramm gestalten, ohne dass der Gedanke an ein Honorar aufkäme. Ich gestehe ihr, dass eine Reise in die Mongolei zu meinen bisher unerfüllten Träumen gehört und sie bietet sich natürlich sofort als Hilfe an, diesen Traum mal mit Leben zu füllen. Nun ja, manchmal haben sich solche Angebote in meinem Leben schon über den Grat einer höflichen Floskel hinausgeschwungen. Eigentlich haben sogar die meisten meiner exotischen Reisen mit einem solchen Versprechen begonnen, Gestalt anzunehmen.

Jedenfalls werde ich heute Abend nicht mitfahren, um im Yachtclub zu dinieren. Ich esse was Kleines im Hotel, schreibe ein wenig und telefoniere mit meinen Freunden Olga Zalesskaya und ihrem Liebsten Aljosha Galybin. Leser meines Buches „Das Lied vom Frieden" werden sich erinnern, wie Aljosha (Alexej) mir im deutschen Winter 2019 auf unserer „Wyssotzki Waits Brecht"- Tour anhand seines alten Mazda den Unterschied zwischen deutschem und russischem „Kaputt" klarmachte. Der Aserbaidschaner und seine belarussische Olga leben zusammen auf der Krim und ich weiß, dass sie es seit einem Jahr schwer haben, lebensfroh zu sein. Olga gibt keine Konzerte mehr, Aljosha, der russischer Staatsbürger ist, wurde seine Wohnung in Prag weggenommen, die er sich gekauft hatte, weil er dort ein medizinisches Institut leitete. Allein der Umstand seiner russischen Staatsbürgerschaft genügte den Tschechen, ihn zu enteignen. So machten es die Nazis mit den Juden und am besten schauen wir diesbezüglich möglichst nicht ins Deutschland von heute.

Wir telefonieren über Telegram. Natürlich haben auch sie das Halbfinale verfolgt und sind stolz auf ihren deutschen Freund. Der ihnen mit der Idee kommt, Anfang Juli ein gemeinsames Konzert in Moskau zu spielen. Seit ich nämlich vorgestern deutschen Besuch in meinem Hotel hatte, steht der Gedanke einer deutsch-russischen Konferenz mit abschließendem Konzert im Raum. Und mir fiel sofort ein, Olga dazu einzuladen, denn erstens würde ich sie dadurch vielleicht aus ihrer Depression locken und zweitens wären sie, Aljosha und ich dadurch genau dann in Moskau, wenn unsere gemeinsame Freundin Ljudmila Tatarowa-Dschigurda ihren fünfzigsten Geburtstag feiert. Ich würde das Honorar, das mir versprochen wurde, einfach teilen und somit hätten sie nicht einmal Kosten zu tragen. Der Gedanke löst natürlich Begeisterung aus. Wir beschließen, das zu planen.

Wem ich eigentlich noch gar nicht so wirklich begegnet bin, ist der Amerikaner. Kein Geringerer als Art Garfunkel jr. sitzt am nächsten Tag, nach einer Stadtrundfahrt und meiner Stellprobe mit Zara im Kreml, bei den Kollegen am Abendbrottisch, als ich mich hinzugeselle. Das Gespräch läuft auf Englisch und ich bekomme eigentlich erst nach und nach heraus, dass er derjenige welcher ist, weil ihn alle andauernd auf seinen Vater ansprechen. Er war offenbar erst am Halbfinaltag angereist und da war er mir nicht aufgefallen, obwohl er durchaus auffällig aussieht. Bärtchen, Brille, Hut. Er gibt nun seinerseits zu erkennen, dass er mich als den Deutschen weiß und fragt, wo ich genau denn herkäme. Ich erzähle auf Englisch was von DDR, Berlin und Meck-Pomm und plötzlich sagt er in lupenreinem Deutsch: „Ach so Ueckermünde, na kenn ich doch. Ich bin auch öfter in Prenzlau." Mir klappt die Kinnlade runter. „Hä?! Was ist das jetzt? Du sprichst akzentfrei Deutsch?“ Er grinst mich an, freut sich über meine Verblüffung und erzählt mir, dass seine Eltern zwar nie mit ihm Deutsch gesprochen haben aber dafür seine Großeltern, denn die waren rechtzeitig vor den deutschen Nazis geflohene Juden. „Deutsch war die Sprache meiner geliebten Großeltern“, sagt er, „und irgendwann wollte ich die auch perfekt können. Ich war ja auch ein paar Jahre auf'ner Waldorf-Schule. DDR fand ich auch immer spannend. Wenn es die noch geben würde, würde ich wohl nicht in Belarus leben.“ Wieder ist die Verblüffung auf meiner Seite und ich erfahre, dass er in Minsk lebt, einen Autoreifenhandel betreibt und auch fließend Russisch parliert. Wir sprechen über Politik und ticken in vielen Fragen sehr ähnlich. „Ach Mensch“, sage ich, „es ist so schön, nach einer Woche mal wieder frank und frei in meiner eigenen Sprache reden zu können.“ „Na wir sind ja noch'n paar Tage hier“, lacht er, „und wenn ich mal wieder in Eurer Gegend bin, lädst Du mich hoffentlich mal auf Euren Hof ein.“ Abgemacht!

Das große Finale – aber nicht für das Buch

Heute ist der zweite Mai. Der Tag des großen Finales und der Preisverleihung. Ich höre heute Morgen nicht nur einmal die bewundernde Feststellung, dass ich wohl der einzig Ruhige im ganzen Korps sei. Manche verpacken dieses Kompliment in sympathischer Frötzelei. „Na klar die Deutschen. Akkurat, diszipliniert, effizient und gebremste Emotionen.“ Wenn die wüssten! Der Leistungsdruck ist wirklich nicht zu unterschätzen. Heute findet die Show mit kompletter Fernsehaufzeichnung im ausverkauften großen Saal des Staatlichen Kremlpalastes statt. Sechstausend Menschen. Zweisprachig singen, Interviews in der Fremdsprache, mein Duett mit einem der derzeitigen russischen Megastars und das alles als Wettbewerb. Da tanzen die Nerven schon morgens Kasatschok. Ich habe Kohletabletten genommen und esse nur Haferflockensuppe zum Frühstück.

Das Schöne ist, wir alle fühlen uns nicht als Gegner und Konkurrenten. Wir sind über die Tage so was wie Klassenkameraden geworden und das betrifft nicht nur uns Künstler, sondern das gesamte Team in dem wir seit einer Woche arbeiten – von den drei Musketieren über die Regisseure, die Techniker, das Org.-büro bis zur Schar der volontierenden, aufgeregt umherflatternden Flamingos. Selbst unsere Dirigentin hat gestern beim Frühstück ihre konzentrierte Distanz zum ersten Mal aufgegeben, indem sie mir am Buffet zuflüsterte, dass auch ihre Mutter bei meinem Vortrag geweint habe.

Selbst die Bodyguards wirken weicher, als in den ersten Tagen aber ich bin sicher, dass davon nichts mehr zu spüren wäre, würde es hier zu einem Konflikt kommen.

Als wir nach den Sicherheitskontrollen am Kremleingang und der Verteilung unserer Garderoben im Backstagebereich des großen Saales herumwuseln, fängt mich die Korrespondentin eines der anwesenden russischen Fernsehsender wieder ein und möchte mit mir ein zweites Interview machen. Ich habe ja seit dem Halbfinale mitbekommen, dass „der Deutsche“ ein Thema ist und stimme noch einmal zu. Dieses Mal geht sie einen Schritt weiter und wird auf Anhieb politisch. Sie fragt mich nach meiner Meinung zur aktuellen deutschen Politik. „Ich nehme an“, antworte ich in meinem russisch-englisch-Gemisch, „Sie meinen die aktuelle deutsche Außenpolitik in Bezug auf Russland? Da kann ich nur immer wieder dasselbe antworten. Meiner Überzeugung nach hat Politik die Aufgabe, zwischen den unterschiedlichen Interessen, Ansichten und Bedürfnissen der Menschen, das verbindende Element zu sein. Dafür werden Politiker bezahlt – für das Suchen und Finden des Verbindenden. In der Außenpolitik, wo die Zusammenhänge und Auswirkungen oft sehr große Dimensionen haben, wird das Mittel der Diplomatie oftmals der wichtigste Faktor. Von all dem scheint aber die aktuelle Generation von Politikern nicht viel zu halten oder zu verstehen. Nicht nur in Deutschland. Das ist ein internationales Problem, weil daraus Kriege entstehen. Aber um auf ihre Frage bezüglich Deutschlands zurückzukommen: Ich kann keiner Außenpolitikerin trauen, die auf ihre Wahlplakate schreibt „Keine Waffen in Kriegsgebiete“ und nach der damit gewonnenen Wahl genau das Gegenteil veranlasst.“ Der Einwurf der Korrespondentin ist vorhersehbar. „Ihre Außenministerin hat formuliert: Wir wollen Russland vernichten.“ „Ich weiß,“ sage ich, „und das nimmt sich eine grüne Politikerin vor, die ja damit gleichzeitig auf grüne Umweltpolitik spuckt, denn mal abgesehen von Entscheidungen für amerikanisches Fracking Gas anstatt russischer Pipeline, sind Kriegsmanöver und Krieg nun mal der größte Umweltkiller. Hier liegen also nicht nur falsche Wahlversprechen vor, sondern auch der komplette Gesinnungsverrat an den eigenen Parteigenossen.“ Und jetzt kommt von ihr eine Frage, die mich völlig überrascht. Unter dem Einfluss eines spürbaren Adrenalinschubes wäge ich die Möglichkeiten ab, warum sie mir diese Frage stellt und was meine beste Antwort darauf wäre. „Sie haben bei in einem Interview gesagt, Sie wären nach Moskau gekommen, um Brücken zwischen Russland und Deutschland zu bauen. Was kann denn Russland, Ihrer Meinung nach, tun, damit diese Brücken wieder existieren?" Ok, denke ich, werde ich grad zum Trojanischen Pferd für etwas innerhalb Russlands gemacht, von dem ich nichts weiß? Oder möchte sie mir die Aussichtslosigkeit meines Ideals klarmachen und mich daran erinnern, wie und von wem Russland in den Krieg getrieben wurde? Eben hat sie die deutsche Außenministerin zitiert – da komme ich ja nicht dran vorbei.... Diplomatie, denke ich, wie geht das hier und jetzt...?

„Wissen Sie," so fange ich an, „Bei aller Kriegsrhetorik und Kriegsstrategie wissen wir doch im Grunde alle, dass auch dieser Krieg nicht bis ans Ende aller Tage dauern kann. Russland hat die Aufgabe, ihn zu beenden und der Westen hat die Aufgabe, das auch zu ermöglichen. Und obwohl beide Seiten noch nicht an dem Punkt stehen, diese Aufgabe erfüllen zu können oder zu wollen, halte ich den Blick auf ein Danach für sehr wichtig. Ein Danach, das es zu visionieren und zu diskutieren gilt. Dieses Danach würde uns auf den Schlachtfeldern von heute den Blick heben lassen, um in die Ferne zu schauen. Und wenn wir dort in der Zukunft etwas Gemeinsames sehen könnten, dann würde es uns leichter werden, unseren Wahnsinn von heute in Frage zu stellen und aufzugeben. Und so appelliere ich an mein Land (und ich meine nicht nur die Politik) genauso wie an Ihr Land und an jedes Land, uns über das gemeinsame Danach Gedanken zu machen. Das sind die Brücken, die wir anfangen müssen zu betreten, denn man muss sie nicht erst bauen, sie sind schon da."

Für den geneigten Leser dieses Buches füge ich zur Erklärung noch hinzu, dass ich mich manchmal an den ganz einfachen Grundlagen und Erfahrungen festhalte und sie auf meinen Blick in die Welt übersetze. Das mag naiv wirken, aber über die Straße gehe ich ja auch noch immer so, wie ich es gelernt habe, noch bevor ich begriff, warum man in unseren Breiten zuerst nach links sehen muss. Und ich erinnere mich daran, dass jedes Kind, sogar jedes Tier für die Aussicht auf etwas Lohnendes handelt. Eine Belohnung, ein Lohn. So funktioniert jedes Lebewesen. Für Futter, für einen Bonbon, für gute Zensuren, für eine Medaille, für besseren Lohn, für ein Haus am See, für Frieden. Nichts, aber auch gar nichts wird werden, wenn dieses Ziel, diese Aussicht auf etwas Lohnendes nicht existiert, dieses Licht am Ende des Tunnels. Auch die Bösewichter planen ihre Taten für einen Lohn. Für die Ausbeutung neuer Gebiete, für die Vergrößerung ihres Profites. Darum müssen wir Vorsorge tragen, dass es mehr Gutes am Ende des Tunnels gibt. Und es kann zu nichts Gutem führen, wenn ein amerikanischer Präsident oder eine deutsche Außenministerin von der Vernichtung Russlands sprechen. Bei aller Schuld, die Russland auf sich geladen hat mit der militärischen Intervention, geht es ihm hierbei nicht um die Vernichtung der Ukraine. Sonst wäre dieser Krieg längst vorbei. Es ging ihm anfänglich um den Schutz der seit acht Jahren dort gepeinigten fünf Millionen Russen, dann um den Schutz der Gebiete, die seit langem um Russlands Schutz gebettelt haben. Und es geht um den eigenen Schutz gegen eine immer näher rückende NATO. Selbst wenn ich als Politiker davon ausginge, dass das alles falsch und erlogen sei, wäre es meine Aufgabe, nach einer lohnenderen Aussicht für alle beteiligten Völker zu suchen – auch für Russland. Das ist die Aufgabe von Politik – das Suchen des Verbindenden – und Deutschland hätte viele alte und neue Gründe, sich dieser Aufgabe an vorderster Front zu widmen.

Die russische Korrespondentin schweigt und es geht ein Licht durch ihren Blick, ja durch ihren ganzen Körper, als hätte ich ihr gerade eine russische Romanze vorgesungen. Ich weiß, was dieses Leuchten bedeutet, denn ich sehe es nicht zum ersten Mal. Hoffnung. Sie sagt nur sanft: Danke. Und ich weiß, dass sie genau das meint, was sie da sagt.

Zara kommt zur letzten Probe. Was für eine Schönheit. Aber eben nicht affektiert, sondern warm, mütterlich und gleichsam mädchenhaft. Als wir noch einmal alles geklärt haben, flüstert sie mir zu: „Ich habe das Video ändern lassen." Ach ja, das Video! Beim Halbfinale hatte man auf großer Leinwand hinter dem Orchester zu jedem Lied Videos mit Sequenzen aus sowjetischen Kriegsfilmen abgespielt. Ich hatte meins nur aus dem Augenwinkel gesehen und einfach Vertrauen gehabt, dass es passen würde aber nötig ist das für „Журавли" nicht, hatte ich gedacht. Zara muss diese Gedanken auch gehabt haben. „Und was wird nun gezeigt?" „Einfach Himmel und Wolken aus der Vogelperspektive", sagt sie voll stolzer Überzeugung. Wow! Das ist es!

Zara stürmt noch zu einem anderen Auftritt, wird dann zu 19:00 Uhr knapp zurück sein und in den Jurysessel springen. Dann in der Pause ins weiße Kleid und mit mir singen. Sie hat's gut – ich muss hier einfach nur warten...

Obwohl, ganz langweilig geht es nicht zu, denn plötzlich kommt Garfunkel jr. an und fragt, ob er mit in unsere Garderobe dürfe, die ich mir mit Johnny (dem Ungarn), Zayat (dem Mongolen), Daniel (dem Franzosen), Imad (dem Algerier) und Raymond (dem Indonesier) teile. Er würde dem Griechen sonst eine „in die Fresse hauen". Die Vorgeschichte ist die. Garfunkels Duett-Partner Anatoly Yarmolenko ist erst heute aus Sankt Petersburg angereist. Das heißt, die Beiden hatten noch keine richtige Probe und darum haben sie versucht, in Arts Garderobe nochmal ein bisschen was festzulegen und gesanglich zu probieren. Plötzlich kommt Ioannis (der Grieche) angelaufen, der gerade in seiner Festivalbroschüre Autogramme von allen sammelt und stört das Proben der Beiden für sein Autogramm. Art Garfunkel jr. winkt ab und erklärt kurz, man müsste jetzt hier grad proben. Aber da kannte er unseren Griechen schlecht. Der holt sofort wieder ordentlich aus und fängt an rumzumaulen. „Hältst Du Dich für was Besseres? Ich kenne Deinen Vater nicht. Ist mir auch völlig egal..." Na da kann ein Autoreifenhändler und auch so manch Einer anderen Gewerkes schon mal eine Bürste bekommen und anfangen die Ärmel aufzuknüpfen. Art Garfunkel jr. hat's dann doch nicht getan, sondern sich zu uns einquartiert. Hat sich umgezogen und beruhigt und nun verschwindet er irgendwo hinter der Bühne oder Richtung Kantine, die seit einer Stunde voll ist mit russischen Ballerinas im Tutu, weil in einem anderen Saal des Palastes wohl etwas Klassisches geprobt wird, wie ich verstanden habe.

Es geht auf den ersten Teil unseres Finales zu. Der Gong gongt zum zweiten Mal und die meisten Zuschauer sind schon auf ihren Plätzen. Wir ziehen uns um. Den Garderobenlautsprecher habe ich leise gedreht, wie ich das in allen Theatern mache, denn ich finde nichts enervierender, als in der Garderobe das Gemurmel des Saales und das Instrumentengestimme eines Orchesters mit anhören zu müssen. Plötzlich bekommt unser Franzose Daniel einen Schweißausbruch und seine Frau wird blass. Von seiner raffinierten, farbenstarken Anzugskombination fehlt die Hose. Vergessen im Hotel! Bemerkt beim zweiten Klingeln. Was jetzt?! Panisch wühlt er in unseren Anzügen herum und sieht eine frei hängende Hose. Da wir unsere Anzüge alle schon tragen, muss diese Hose doch frei sein. „Das ist meine", sagt Zayat. „Oh mon Ami. Пожалуйста, kann ich die für die Bühne kurz borgen?" Zayat ist etwas überfordert im Augenblick aber ich sage: „Ca pas marche. Regarde." Und ich halte Daniel die Hose vor den Bauch. Mongolen sind kleiner als Franzosen! Ok, Daniel denkt jetzt anders und schnell. Er wirft einen Blick in die Runde. Johnny ist schon im Anzug gekommen, Imad ist lang und dünn, ich kam in Jeans aber Raymond nicht. „Mon Ami Raymond," flötet Daniel in lieblichster Weise. Und Raymond zieht seine zweite Hose aus dem Koffer. Aber die passt farblich nicht zu Daniels Jacket. „Na gut", sagt dieser Herzensmensch von Indonesier, „Du kannst meine Bühnenhose probieren. Ich bin erst nach der Pause, noch nach Tino dran." Was für ein Risiko, denke ich. Wenn dem Franzosen was mit der Hose passiert, steht Raymond am Schluss ohne da. Aber Daniel schäumt vor Glück fast über. Raymond zieht seinen Anzug wieder aus und gibt Daniel die Hose. Sie passt sogar in der Länge, nicht aber am Bauch. Zu weit! „Merde alors." Daniel hat keinen Gürtel und Raymond braucht keinen. Na ja, da komme ich dann ja wohl auch noch zum Einsatz. Und ich halte Daniel den Gürtel meiner Jeans hin – meine Anzughose hat nämlich einen eigenen. Meine Eigenart, für die Bühne wirklich alles zu wechseln, Schuhe, Strümpfe, Slip, Hose, Gürtel... alles, kommt Daniel jetzt zu pass. „Oh mes Amis, c'est merveilleux." Daniel ist gerettet und Raymond ist... cool!

Mein kleiner Flamingo Katja flattert wieder aufgeregt um mich herum, wie auch alle anderen Flamingos um ihre „Schützlinge". Ich gleiche eher einem Tiger, der nicht weiß wohin. Ich versuche ein Gespräch mit Nikita Wyssotzki, des Meisters Sohn, älter als ich, der seinem Vater ähnelt, doch eigentlich gar kein Sänger ist und ein stiller Mensch, heute aber Johnnys Duett-Partner sein wird. Wir sind uns schon einmal in Berlin begegnet im Russischen Haus, wovon es sogar ein Foto gibt. Aber er erinnert sich nicht daran. Trotzdem weiß er, dass ich der Deutsche bin, der Lieder seines Vaters nachdichtet und singt. Ich merke, er ist auch angespannt wegen des bevorstehenden Auftrittes und lasse ihn wieder in Ruhe. Es wird andere Gelegenheiten geben und dann weiß er noch ein bisschen mehr von mir.

Irgendwann ist auch für mich die quälende Wartezeit vorbei. Ich treffe mich mit Zara hinter der Bühne, ein kurzes Toi toi toi und schon trennen wir uns wieder, denn sie wird die Bühne von der einen, ich von der anderen Seite betreten. Ob sie genug Vertrauen in mich hat? Sie kennt mich nicht und nicht ich bin hier der Star, sondern sie. Was, wenn ich einer bin, der jetzt die Nerven verliert und ihr vor sechstausend Menschen den Auftritt verdirbt? Was man so alles denkt, denke ich. Sie hat mich im Halbfinale gesehen, sie weiß, dass ich schon länger in diesem Geschäft bin, als sie... sie hat Vertrauen.

Dima empfängt mich flüsternd hinter der Bühne, wirft einen kontrollierenden Blick auf meinen Anzug, auf meine Haare, in mein Gesicht. Alles normal, er schiebt mich in die Gasse. Gerade bei großen Bühnen komme ich mir in diesen Momenten immer vor wie ein Boxchampion, der auf seinen Namen wartet. Man tänzelt herum, um nicht zu verkrampfen und was man hört, klingt ungeheuer weit weg. Was ich jetzt sehe, sind Tatjana und Ernest draußen auf der Bühne, die das Publikum auf den nächsten Act vorbereiten.

Tatjana: „Der Text unseres nächsten Liedes wurden von Rasul Gamsatow nach einem Besuch in Hiroshima geschrieben. Dort hatte er das Denkmal des japanischen Mädchens besucht, das nach der Atombombenexplosion an Leukämie erkrankte und dieses Mädchen glaubte daran, dass es – wenn es tausend Papierkraniche faltet – wieder gesund werden würde."

Ernest: „Die Kraniche wurden zum Sinnbild aller im Krieg gefallenen. Die Übersetzung aus dem Awarischen in die russische Sprache stammt von Naum Grebnjew, die Musik schrieb Jan Frenkel. Und zum ersten Mal wird dieses großartige Lied in deutscher Sprache von unserem Gast aus Deutschland, Tino Eisbrenner gesungen – und von der „verdienten Künstlerin Russlands" Zara."

Und dann höre ich plötzlich wieder ganz nah: „Tino Eisbrenner und Zara". Давай, höre ich Dima hinter mir, aber ich bin schon auf dem Weg nach draußen. Nicht zu schnell, denke ich und drehe mich beim Gehen leicht Richtung Saal, um mit einer angedeuteten Verbeugung das Publikum zu begrüßen. Von der anderen Seite kommt Zara in dem langen weißen Kleid. Sie schreitet. Meine Position eins ist, im Unterschied zu ihrer, näher am Orchester. Hier steht mein Stativ mit dem Mikrophon für den Mundharmonika-Anfang. Erst danach, wenn die Blues-Harp in meiner Tasche verschwindet, habe ich die Hände frei, kann mein Mikrophon vom Stativ befreien und zur Bühnenmitte gehen. Noch einmal bin ich so froh über meinen Einfall, das Lied mit der Mundharmonika zu beginnen. Der Abend war laut bisher. Das große Orchester, die Schmetterstimmen der Sängerinnen und Sänger, Moderationen, die ja grundsätzlich so gesprochen werden, dass auch das Publikum ganz hinten im Saal sich angesprochen fühlt. Und plötzlich nur die kleine Blues-Harp mit einer Melodie, die nur aus wenigen Tönen besteht. Der Effekt für Jemanden, der schon anderthalb Stunden der Show beiwohnt, muss enorm sein. Das Orchester übernimmt. Getragen, sensibel. Und jetzt singt Zara ihre russische Strophe. Hinter uns auf der Leinwand der Flug durch die Wolken und ich gehe langsam nach vorn, bis ich neben Zara stehe. Der Refrain des Liedes, den Zara jetzt singt, ist eher ein gesummtes Intermezzo und dann kommt meine deutsche Strophe: „Im Nebel, von der ersten Tageshelle. Ermüdet, bis zum letzten Tageslicht…" Während ich das zu singen begonnen habe, stockt mir plötzlich der Atem. Was passiert hier? Mache ich was falsch? Was bedeutet das? Von ganz hinten her hat der Saal begonnen, sich zu erheben. Es sieht aus wie eine Welle, die Richtung Bühne auf uns zu rollt. Und während ich weiter singen muss, begreife ich. Diese Menschen erheben sich für mich. Es ist ihr Ausdruck des Dankes dafür, dass ich gekommen bin und gemeinsam mit ihrer Zara „Журавли" singe. Dafür, dass ich ihr großes Lied nach Deutschland trage. Und es ist ihr Ausdruck dafür, dass sie Frieden zwischen unseren Völkern möchten. Nicht noch einmal Schritt für Schritt in die Apokalypse steuern. Die Geste, mit der sie mir und der Welt sagen: Wir sind keine Feinde.

Ich merke, wie mich die Symbolik dieses Momentes zu überwältigen droht. Ich muss an etwas anderes denken, um weiter ohne Klops im Hals singen zu können, und konzentriere mich auf Zara, die langsam schreitend die verabredeten Schritte nach rechts in meine Richtung macht. Damit sie gut hinter mir vorbei an meine rechte Schulter gelangt, mache ich einen unmerklichen Schritt nach links vorn. So erreichen wir beide die Position, die später auf allen Fotos im Netz und in den Zeitungen zu sehen sein wird. Vorn der aschblonde Deutsche im schwarzen Anzug, schwarzen Hemd und links von ihm, halb hinter seiner rechten Schulter, die Köpfe nah beieinander, die dunkeläugige russisch-kurdische Schönheit mit langem schwarzem Haar, in weißem Kleid.

Ebony and Ivory
live together in perfect harmony
side by side on my piano keyboard
Oh Lord, why don't we?

Der Text dieses Liedes von Paul Mc Cartney und Stevie Wonder geht mir im Kopf herum, seit Zara ihren Vorschlag zur Wahl unserer Garderobe gemacht hat. Why don't we?

Ich habe den emotionalen Schub überwunden, mich abgelenkt und kann jetzt umso mehr unsere gemeinsame dritte, russisch gesungene Strophe und das abschließende Summen der Headline genießen. Es gelingt perfekt. Wir singen und atmen zusammen, als wären wir ein Körper, ein Geist, eine Seele. Wir, die wir uns kaum kennen, fühlen in diesem Moment dasselbe und atmen es. Und der ganze Saal fühlt es mit uns – Harmonie. Die Kraft der Töne, die Macht der Musik.

Der Applaus fällt entsprechend aus. Er ist ein lang anhaltendes warmes Rauschen, das wir Hand in Hand entgegennehmen.

Die Moderatoren treten hinzu.

Ernest: „Tino Eisbrenner und Zara – vielen Dank euch! Tino, ich weiß, dass Sie schon seit langem ins Deutsche übersetzte russische und sowjetische Lieder singen. Warum ist Ihnen das so teuer, so wichtig?

Ich antworte: „Nun, ich bin in der DDR geboren, wie Sie wissen. Und deshalb weiß ich ..." Aus dem Publikum dringt Applaus zu uns nach vorn.

„...kenne ich die Geschichte... Aber jetzt haben wir eine andere Zeit und unsere Kinder lernen schon nicht mehr die wirklich wichtigen Dinge der Geschichte und so wissen zum Beispiel auch unsere jungen Politiker wenig über die Vergangenheit. Sie verstehen gar nicht, warum ihre Mission darin besteht Brücken zu bauen. Darum braucht es die Kultur... und ein Lied wie „Журавли" ist der beste Weg, der direkte Weg von und zu den Herzen, um sich gegenseitig zu verstehen. Deshalb übersetze ich Lieder wie „Журавли" in meine Sprache, singe diese in Deutschland und helfe die russische Seele zu verstehen, die russischen Herzen zu verstehen ... es muss einfach getan werden." Wieder Beifall aus den Reihen.

Ernest wendet sich an Zara: „Zara, wie war es mit Tino zusammenzuarbeiten?"

Und Zara sagt: „Für mich ist es eine große Ehre, ein Teil dieses Festivals zu sein und ich hatte immer großes Glück mit meinen (Duett)Partnern. Und in diesem Jahr ist es Tino. Er hat dieses Lied wirklich gefühlt, hat es durch sein Herz gelassen. Wie soll ich sagen – ich habe den Eindruck, dass alles so harmonisch geworden ist, gehaltvoll, stark. Es ist so, dass dies genau das Lied ist, das man mit dem Herzen singen muss. Und ich denke, dass Tino an keiner Stelle gelogen hat." Die Leute klatschen wieder.

Nun muss wieder einer aus der Jury sprechen und Ernest weiß, wen er ansprechen muss: „Bitte, Lev Valeryanowitsch."

Lev Leshchenko, das offensichtliche Oberhaupt der Jury, ergreift das Wort. Um eine Vorstellung zu haben, welchen Stellenwert er in Russland hat, müsste man Vergleiche ziehen wie Gilbert Bécaud, Udo Jürgens, Adriano Celentano oder Johnny Cash. „Wissen Sie," beginnt Leshchenko, „dieses Lied ist so wunderbar durch seine Menschlichkeit. Ich denke, dass jeder Mensch, der Leid, Entbehrungen, Schmerzen durchstanden hat, dieses Lied nachempfinden kann ... weil es aus der Tiefe der Seele kommt ... weil es so genau und so metaphorisch ist ... das, was Rasul geschaffen hat ... er ist ein großartiger Poet... es ist eben diese Metapher, die Kraniche, in die sich die Reihen der Soldaten verwandelten, es ist eine schöne Allegorie, eine schöne Metapher... und dieses Lied ist so großartig leidenschaftlich... so dass jeder Mensch auf dieser Erde, selbst ohne die Worte zu verstehen, dieses Lied empfinden können wird. Und außerdem möchte ich erzählen, dass am 27. September im Konzertsaal Tschaikowski der 100. Geburtstag von Rasul Gamsatow, unseres großen Poeten, begangen wird... und so laden wir Sie alle dazu ein, liebe Freunde, und vielleicht wird dann Zara gemeinsam mit unserem Freund dieses großartige Lied (von Rasul und natürlich Jan Frenkel) singen ... es ist ein großes Lied, und sie haben es glänzend vorgetragen. Dankeschön."

Noch einmal schwillt der Applaus von zwölftausend Händen zu diesem ergreifenden Rauschen an. Ich nehme Zara bei der Hand und führe sie von der Bühne.

„Vielen Dank," hören wir die Moderatoren noch, „Danke Zara. Danke Tino. Danke."

Wir haben nur kurz Zeit, denn nach wenigen Programmpunkten folgt schon der Finalsong „Тёмная ночь", zu dem dieses Mal natürlich auch die russischen Stars mit auf die Bühne gehen. Als das Lied gesungen ist, kommt noch ein Finalsong mehr, bei dem wir eigentlich nichts weiter zu tun haben, als die Refrainline mitzusingen: „Дорога на Ялту".

Dann stehen wir, alle versammelt, und mir wird wieder klar, dass das ja ein Contest und nun eine Siegerehrung fällig ist. Dazu kommen auch alle Jurymitglieder auf die Bühne, sofern sie nicht ohnehin durch ihre Duettpartnerschaften schon dort stehen. Leicht hinter mir steht Zara. Auch die zwei Musketiere Andrey und Andrey II tauchen auf und Andrey Kondrashov wird auch die Plätze verkünden. Es gibt ein paar Sponsorenpreise und dann einen Sympathiepreis, den zu meiner Freude Cassandra und Simone bekommen. Ein verdienter Trost für die Tränen, die gestern noch geflossen sind. Dann ist es soweit, die Top 3 und es wird sehr still im Saal. Und was für ein schöner Punktgleichstand – es teilen sich Platz 3 Yvonne aus Zimbabwe und Zayat aus der Mongolei! Ich freue mich sehr für die Beiden. Sie sind blutjung und beide sehr zurückhaltend. Es ist schön, dass sie trotzdem so bemerkt wurden. „den zweiten Platz", höre ich Andrey Kondrashov lauter werden, „Tino Eisbrenner, Germania!" Da ist jetzt wirklich mein Name gefallen.... Langer Rede, kurzer Sinn: Meine Botschaft ist angekommen, mein Plan geht auf, wir betreten die Brücke!

Mit der Würdigung meiner Stärken kommt gleichzeitig eine meiner Schwächen ans Licht. Ich kann nicht überschwänglich DANKE sagen. Habe ich noch nie richtig gekonnt und musste es mir als Erwachsener regelrecht antrainieren, damit die Menschen, die mir Gutes tun, auch sehen können, dass ich mich freue. Manche sagen, Skorpione sind so. Aber das macht es nicht besser. Heimlich bewundere ich Leute, die vor Freude an die Decke springen können, aber da ich bin, wie ich bin, würde man mir solche Ausbrüche ohnehin nicht glauben. Ich bin in solchen Momenten jedenfalls fast schüchtern, wissend, dass das auch missverstanden werden könnte. Ich nehme die Blumen und die Urkunde, bedanke mich still, drehe mich zu Zara mit einer zurückhaltenden Verbeugung und winke mit den Blumen ins Publikum. Meine Gedanken sind irgendwo anders. Ich habe es getan und ich komme mit dem zweiten Platz von diesem internationalen Festival nach Deutschland zurück! Das ist eine gute Basis, die unerwünschten Diskussionen neu zu entfachen.

Und der erste Platz wird ja nun auch noch vergeben. Und er fällt an unseren indonesischen Freund, den großherzigen Laurentius Raymond Pardamean. Es gehörte von vornherein auch zu den Favoriten, denn von seiner opernhaften Stimme und seiner sympathischen Art abgesehen, sang er ein Lied, das für Russen eine Art Nationalhymne darstellt. „Поклонимся великим тем годам“ (Verbeugen wir uns vor jenen großen Jahren) Darum hatte man sein Lied wohl als letzten Wettbewerbsbeitrag gesetzt. Auch bei ihm hatten sich die Leute im Saal erhoben, vom ersten Ton an. Die Männer hatten sich die Sakkos zugeknöpft und Haltung angenommen. Viele hatten mitgesungen. Es war ein anderes Erheben, als bei „Журавли“. Raymond strahlt und wir umarmen uns, teilen die Freude. Raymond ist eigentlich kein professioneller Sänger. Er pendelt als Anwalt zwischen Indonesien und Russland und hat ein Büro, das Umsiedlern nach Russland hilft, sich zurechtzufinden. Sein wirklich stimmgewaltiger russischer Duett-Partner, der Heldentenor Fedor Rytikov, stammt aus der Ukraine und ist Arzt in Moskau. Die beiden „Freizeitsänger" sind also voll auf Platz 1 durchgestiegen. Großartig!

In der Garderobe kommt Daniel, unser Franzose, der leer ausgegangen ist, strahlend auf Raymond und mich zu und sagt: „Mir war völlig klar, dass Ihr beide gewinnt. Wisst Ihr warum? Weil Ihr Beiden mir die Hose und den Gürtel geborgt habt. Das ist internationale Solidarität! Die wird in Moskau schon traditionell hoch geschätzt! N'est-ce pas?" Wir lachen und freuen uns ohnehin über die freudige Anteilnahme, die auch von denen kommt, die keine Preise gewonnen haben. Die einzige Ausnahme stellt leider wieder der Grieche dar. Auch er gratuliert mir, vertritt aber dabei die Theorie, dass es nur das Lied war, was den zweiten Platz errungen hat. Er hätte dieses Lied auch singen wollen, aber da war es schon vergeben, sonst hätte er den zweiten Platz jetzt gehabt. Ach Du armer Augustin, fährt es mir durch den Kopf.

Der Abend ist, wie die anderen Empfänge auch waren. Nur gibt es vor der Karaoke mehr Reden und wir Gewinner bekommen nochmal Urkunden im Glasrahmen. Etwas kleiner, als die auf der Bühne, aber trotzdem würde ich am liebsten schon wieder Verbesserungsvorschläge machen, denn wie soll ich die Dinger heil nach Hause bekommen. Es ist noch nicht der Abschiedsabend, aber von allen fällt heute die Anspannung ab. Es ist geleistet! Ich bin ziemlich spät aus meinem Zimmer gekommen, hab erst nach Hause telefoniert, wo natürlich auch große Freude herrscht. Alle haben den Stream gesehen und die Korken knallen lassen. Als ich in den Saal komme und mein Blick nach einem freien Platz umherschweift, winkt mich Polina an ihren Tisch. Sie sitzt dort ganz allein mit ihrer kleinen Tochter an dem riesigen Rondell vor acht Gedecken, Gebratenem und Gesottenem. Sie kann einen Tischbegleiter brauchen. Was für eine faszinierende Frau, Regisseurin, alleinerziehende Mutter, stolze Russin. Wir essen zusammen, reden ein bisschen, aber wie immer ist die Karaoke zu laut für richtige Gespräche, obwohl wir nebeneinander sitzen. Immerhin erfahre ich, dass sie in erster Linie Opern inszeniert und die Großveranstaltungen sich dieser Arbeit unterordnen. Auch ihre Mutter habe bei „Журавли“ geweint und auch sie habe die Wirkung des Liedes und die Szene des sich erhebenden Publikums im Saal völlig übermannt, erzählt sie mir nun. Sie wird nicht die Einzige bleiben. Sogar Andrey Kondrashov hat mir bereits gestanden, dass er weinen musste, als der Saal sich erhob. Ich habe meine „November“, die CD mit meinen Nachdichtungen aus dem Russischen, mit in den Saal gebracht und beginne bei Polina, sie zu signieren und zu verschenken.

Als ich damit bei Li Otta ankomme, ist sie vollkommen überwältigt. „Ich möchte mich für Deine Hingabe in der Arbeit bedanken“, sage ich. „Leider ist es uns dabei nicht gelungen, uns auch persönlich ein bisschen kennenzulernen.“ Aus und vorbei ist es mit der distanzierten Konzentriertheit unserer Dirigentin! Ich soll mich setzen und wir erzählen miteinander, als hätten wir die ganze Woche nichts anderes getan. Sie hat für den Herbst Einladungen, mit ihrem „Otta Orchestra“, ein reines Frauenensemble, nach Deutschland zu kommen, aber sie wisse noch nicht, ob die deutschen Veranstalter das durchsetzen können.

Es ist noch nicht der letzte Abend des Festivals. Morgen gibt es noch eine Stadtbesichtigung und den Abschlussabend. Trotzdem werden ein paar Künstler morgen schon abreisen und darum feiern wir den Abend als unseren letzten. Meine verschenkten CDs bergen die Hoffnung, dass wir uns nicht aus den Augen verlieren. Internationale Handreichungen sind doch wohl das Wichtigste in Zeiten wie diesen – darüber herrscht hier absoluter Konsens.

Ob ich übermorgen abreise, ist allerdings ungewiss. Ganz am Anfang der Kommunikation mit der Agentur hier gab es die Frage, ob ich Zeit genug hätte, länger zu bleiben und bei den Feierlichkeiten zum 9. Mai aufzutreten. Inzwischen sind diese Feierlichkeiten in Moskau aber aus Sicherheitsgründen so eingedampft worden, dass man nicht weiß, ob man mir überhaupt etwas anbieten könne. Natürlich möchte auch hier keiner Kosten verursachen und mich hierbehalten, für etwas, was dann gar nicht stattfinden kann. Sogar das traditionelle „Бессмертный полк" (unsterbliches Regiment), der große jährliche Friedensgedenkmarsch mit den Veteranen und Staatsoberhäuptern ist abgesagt, weil man ihn schwer vor terroristischen Attentaten schützen kann. Ich habe in den letzten Tagen manchmal vorsichtig nachgefragt, aber immer bedauernd ausweichende Antworten bekommen. So muss ich theoretisch fünf Tage vor dem 9. Mai abreisen und das schmeckt mir gar nicht. Ich würde gern erleben, wie sie diesen Tag hier heutzutage begehen. Zumal ja der „Tag der Befreiung" in Deutschland von Jahr zu Jahr mehr ausgeblendet wird. Darum fälle ich heute und jetzt eine eigene Entscheidung.

Rein ins Volk

Der neue Tag bringt auch von mir eine Überraschung. Mein Rückflug ist für den 4. Mai gebucht, ich aber bitte die emsige Alexia, ihn auf den 11. Mai umzubuchen. Ich möchte auf meine Kosten noch eine Woche länger bleiben. Ich habe ja meine Freunde Sergej und Ljudmila Dschigurda in Moskau, die schon seit Tagen versuchen herauszufinden, wann wir uns sehen könnten. Gestern Nacht noch habe ich den Beiden geschrieben, dass ich gern noch bleiben würde und erwartungsgemäß kam die Antwort, ich müsse unbedingt bei ihnen wohnen! Es ist beschlossen und spricht sich auch im Festivalteam sehr schnell herum. Ernest nimmt mich beiseite und erklärt mir noch einmal ausführlich, wie ihr Zögern, mich hierzubehalten zu begründen sei. „Es ist uns unangenehm, denn wir selbst haben doch gefragt, ob Du es Dir vorstellen könntest, mit uns den „Tag des Sieges" zu feiern…" Ich sage: „Mach Dir doch keine Gedanken. Ich verstehe die Situation. Ich ziehe morgen zu meinen Freunden und Ihr wisst, dass ich hier bin. Wenn Ihr noch eine Idee habt, wo Ihr „den Deutschen" gern am 9. Mai dabeihättet, dann meldet Ihr Euch." Er nimmt mich in den Arm und sagt nur: „Danke, Bruder."

Ich habe ja in Berlin dies mir befreundete Ehepaar, Sigrid und Dirk. Zwei große Söhne gehören auch dazu, aber nicht zur folgenden Episode. Während Dirk einst in Bulgarien studiert hat und dadurch die Straßen meiner Kindheit kennt, spricht Sigrid fließend Russisch, weil sie im sowjetischen Charkow studiert hat, und arbeitet heute in einer größeren Berliner Firma, die auch mit dem postsowjetischen Raum Verbindungen pflegt, so dass Sigrid auch eine Kollegin in Moskau hat, die sie schon lange als Freundin betrachtet. Diese Freundin heißt Valentina, war gestern mit ihrer Schwester Karina und Natalia, einer weiteren Freundin von Sigrid und Valentina, unter den Sechstausend. Beim Einlass schickte sie an Sigrid ein Foto von der noch „leeren“ Bühne, während Sigrid das gleiche Bild sah, weil sie in Berlin vor dem PC saß und auf den Livestream wartete. Die Vier setzten sich also praktisch gemeinsam, trotz der vielen Kilometer dazwischen und einer Stunde Zeitunterschied, in dasselbe Konzert und sogen diese Möglichkeit eines gemeinsamen Erlebnisses ihrer Freundschaft tief in sich ein.

Jene Valentina und Natalia nun bieten mir seit einer Woche an, dass wir uns treffen und sie mich zu dem in Moskau befindlichen Журавли-Denkmal führen und ich kann seit einer Woche nicht einschätzen, wann für diese Fahrt Zeit wäre. Moskau ist groß. So haben wir uns schließlich auf heute verständigt, wenn alles vorbei ist, tagsüber. Aber wie es manchmal eben ist, heute kann weder Valentina, noch Natalia. Was nun? Und schnell wird es Russisch: Denn jetzt schaltet sich Schwester Karina ein und sagt, sie habe mit ihrem Mann Sascha (Koseform des russischen Namens Alexander) gesprochen und der würde mich abholen und zum Denkmal bringen. Das ist Russland! Während ich noch Komplexe schiebe, ob ihm das aufgedrückt wurde und dass ich ihm Umstände mache, ist Sascha schon unterwegs. Mein Handy klingelt, er sei unten und ich eile durchs Hotelfoyer bis zu dem fetten weißen SUV, der da auf mich wartet. Sascha spricht Russisch und ist in Gesprächslaune. Er arbeitet auch wissenschaftlich. Irgendwas mit medizinischem Institut. Er habe sich von den Frauen erzählen lassen, wer ich bin und freue sich, dass wir uns kennenlernen können. Sascha hat viele gute Fragen. Während wir fahren, geht es schon los mit Politik. Sein Bruder lebe in Amerika und würde immer fragen, ob denn wirklich Krieg nötig war? „Ich frage, was ist los mit Dir? Der Krieg gegen Russen läuft doch schon zehn Jahre! Und zwar mit Euren Kanonen.“ Ich merke, wie emotional Sascha ist, obwohl er sich bemüht, das zu bezähmen. „Du kannst Dir gar nicht vorstellen“, fährt er fort, „was in der Ukraine abgeht. Kinder, die in der Schule lernen, dass man Russen ausradieren muss. Und was machen wir? Die ukrainischen Soldaten liegen in unseren Hospitälern und unsere werden einfach abgeknallt? Guck mal, schon vor dem Krieg..." und jetzt meint er vor Februar '22 „... wir sitzen im Bekanntenkreis, ein Haufen Ukrainer dabei... nu, verstehst Du, wir sind alle vermischt hier... und einer sagt, wir werden alle Russen töten. Ich sage, was soll denn das? Ich bin auch Russe! Da kannst Du mit mir gleich anfangen!" Dass er das so formuliert, ist wieder interessant, denn vor zehn Minuten hat er mir erzählt, dass er aus Mordwinien stammt, das zwischen Moskau und der Wolga beheimatet ist, und ich hab mich an Dima erinnert, der auch von dort ist, aber sich klar als Russen sieht. Dabei sind die Mordwinen, wie Ungarn oder Esten, ein finno-ugrisches Volk. Saschas Frau Karina und ihre Schwester Valentina sind auch „Russen", haben aber armenische Wurzeln. Und dieser Umstand verleitet Sascha, als wir dann am Kranich-Denkmal stehen und die Fotos gemacht sind zu der Frage, ob wir zusammen beim Armenier was essen gehen? Ich weiß genau, dass mich heute beim Abschiedsabend wieder ein opulentes Mahl erwartet, aber dieser Einladung jetzt auszuweichen und mich nur zurückfahren zu lassen, scheint mir undenkbar. Ich stimme zu und Sascha greift zum Telefon. Was ich da höre, ist keine normale Tischbestellung. Er sagt schon an, was wir gern hätten und was er sich sonst noch vorstellt. Ich frage, ob ihm das Restaurant vielleicht gehören würde aber er winkt lachend ab. „Na wenn, dann eher meiner Frau. Aber nein, es ist mehr eine Connection. Wir sind sehr oft dort. Es sind Freunde." Und trotzdem, als wir dort ankommen, herrscht keine legere Kumpelhaftigkeit, sondern respektvolle Professionalität. Allein das sehr holzlastige Ambiente ist wunderschön und was sie uns, unter geduldigen Erklärungen für den deutschen Gast, alles auf den Tisch zaubern, ist unbeschreiblich lecker. Wer in einem solchen Restaurant gegessen hat, will unbedingt in das Land, aus dem solche Küche stammt und Armenien steht auch sowieso schon lange auf meiner Wunschliste an Reisezielen. Nach zwei Stunden verabschieden wir uns aus dem

Lokal und ich konnte beim besten Willen nicht beobachten, dass Sascha irgendwann bezahlt hätte. Mir hat er es jedenfalls nicht erlaubt. Danke Sascha, für diesen Nachmittag, für Dein offenes Herz, für den Blick auf das Kranich-Denkmal. Liebe Grüße an Karina und Valentina. Wir sehen uns!

Am Abend und dem folgenden Morgen des 4. Mai fließen viele Abschiedstränen, auch bei den Männern. Wir kamen alle von unterschiedlichen Planeten, wie es anfänglich schien, und sind zu einer großen Familie geworden. Ein paar von uns Ausländern leben zurzeit in Moskau. Raymond pendelt zwischen Indonesien und Moskau, Daniel lebt mit seiner russischen Frau mal in Paris, mal hier, Ioannis der Grieche lebt hier, Yao Ding aus China studiert derzeit hier Musik. Manche von ihnen werde ich bestimmt nie wiedersehen, andere vielleicht sehr bald.

Und noch eine Nachricht macht sich breit, die aber in der ganzen Welt. In der Nacht nach unserem Finale wurden über dem Kreml zwei sprengstoffbeladene Drohnen abgeschossen!

Die drei Musketiere haben sich durch meine Entscheidung motiviert gefühlt, an einer Idee zu spinnen und Polina mit zu Rate zu ziehen. Sie spricht mich darauf an. „Am 9. Mai wird es im Парк Победы den ganzen Tag Veranstaltungen geben. Wir werden daran arbeiten, dort im Museum eine Stunde „Дорога на Ялту“ zu präsentieren mit denen von Euch, die noch in Moskau sind. Wir haben Raymond (Platz 1) und Dich (Platz 2) hier. Ioannis ist an dem Tag nicht in Moskau, aber Daniel und Yao. Wir versuchen, das zu organisieren und melden uns. Nebenbei muss ich ja auch die Sendung von unserem Finale schneiden, die wir am 8. Mai abends im Fernsehen zeigen.“ Da freue ich mich und muss wieder handeln. Weil meine Dschigurdas nämlich in einem Stadtteil ziemlich weit draußen wohnen, brauche ich nun für die Nächte des neunten bis elften Mai ein Hotelchen Nähe Spielort. Zwar hat Polina gesagt, sie versuchen es, aber ich wüsste nicht, warum ausgerechnet dieses Gespann seine Idee nicht umsetzen können sollte. Sie alle sind keine Phantasten, die irgendwas erdenken und damit hausieren, was nicht durchführbar ist. Wieder mit Alexias Hilfe verschaffe ich mir einen Überblick und buche für die letzten zwei Nächte ein kleines Appartement auf dem проспект Победы, unweit des Парк Победы.

Dann verlasse auch ich das Nobelhotel und nehme mit meinem Gepäck, das immer mehr wird, ein Taxi nach Марьино, dem Stadtteil im Süden Moskaus, in dem meine Freunde wohnen.

Während dieser ausgiebigen Fahrt durch Moskau, raus aus der Stadtmitte, rauf auf die Highways, vorbei an dem riesigen Arbeiterdenkmal, das sich „Mosfilm" einst zum Logo machte. Die Bäuerin und der Arbeiter, Schulter an Schulter in einem fast ballettösen Ausfallschritt, ihr rechter und sein linker Arm gemeinsam nach oben, er den Hammer, sie die Sichel in der Hand. Symbolisierend den Arbeiter- und Bauernstaat, den sowjetischen... Ich habe viele gute Filme gesehen, in deren Vorspann der Löwe brüllt. Aber auch viele, viele, vor denen sich diese gewaltige Statue dreht. Jetzt hier vorbeizufahren und zu sehen, wie gigantisch sie eigentlich ist, lässt mich nicht ungerührt...

Doch plötzlich fällt mir auch noch eine Episode vom gestrigen Abschiedsabend ein.

Mein neuer amerikanischer Kumpel Artur Garfunkel hatte mich irgendwie überreden können, dass wir uns zusammen zum Essen mit an den Cheftisch setzen. „Klar," argumentierte er, „Du bist Preisträger dieses Festivals, Du kannst sitzen, wo Du willst." „Na weißt Du, ich bin da immer ein bisschen..." Aber da winkte uns Ernest schon einladend mit ran. So saßen wir auch ganz nah an der Bühne, die keine war, sondern der Platz vor der Karaoke-Leinwand. Wieder sangen alle was. Und unser Grieche, der das schöne Privileg hatte, einen Busuki-Spieler bei sich zu haben, der ihn auch durch Halbfinale und Finale begleitet hatte, kam doch tatsächlich auf die Idee, den russischen Text aus dem Handy lesend, „Журавли“ anzubieten. Alle kannten seine Aussage, dass er gewonnen hätte, wenn man ihm „Журавли“ gegeben hätte. Es entstanden unglaublich peinliche Minuten für den ganzen Saal. Keiner wollte ihm was Böses, aber alle nahmen zur Kenntnis, wie schlecht er es machte – und alle hatten den Vergleich vom Abend vorher. Besonders peinlich berührt waren die Chefs an unserem Tisch. Sie wussten am besten, warum ausgerechnet ich dieses Lied gesungen hatte, wie darum gekämpft werden musste, dass das überhaupt möglich wurde und dass es mir nie darum gegangen war, irgendeinen Preis damit zu erheischen. Alle hatten gespürt, dass mir dieses Lied humanistisches Anliegen war und dass eben diese Philosophie auf die Menschen gewirkt und uns verbunden hatte. Auch Garfunkel jr. neben mir sah die Betretenheit an unserem Tisch und war von gestern immer noch stinkig genug auf Ioannis. „Warum singst Du sein Lied?!“ rief Artur Richtung Bühne. Und der Andere schaffte es nicht, darüber hinwegzuhören: „Das ist nicht sein Lied!“ Bumms, verschwunden waren das Lied, sein Vortrag und ich am liebsten unter dem Tisch. Meine Güte, war das erbärmlich peinlich. Und Joannis ließ es sich auch nicht nehmen, noch eine Dankesrede zu halten. Er zählte sorgfältig alle auf, denen auch wirklich zu danken war. Und als er am Schluss sagte: „Ich hoffe, dass ich keinen vergessen habe.“, kam aus dem Publikum: Deinen Musiker!

Als das endlich vorbei war, hatte ich das dringende Bedürfnis, mit dem Schwamm drüber zu gehen. Artur muss dasselbe gedacht haben und sagte: „Wir könnten doch auch zusammen was singen. Vielleicht á capella.“ Natürlich dachte ich sofort an Simon & Garfunkel, aber Garfunkel jr. erwiderte auf mein „Was denn?“: „Du kennst doch bestimmt *Unsre Heimat?!*“

Das war für mich wie „Na Ueckermünde, kenn ich doch“. Wir fanden schnell heraus, dass wir in diesem Lied beide textsicher waren und beschlossen es. Eines der schönsten DDR-Schullieder und dieser Amerikaner konnte es auswendig. „Lass mich das aber mit einem Lied vorbereiten", schlug ich vor, „damit die Aufmerksamkeit schon da ist, wenn wir's machen." Und so sang ich Wyssotzkis „Lied vom Freund" und dann mit Artur Garfunkel „Unsre Heimat" – er sang die originale Hauptstimme und ich die... von Paul Simon. Das war schön und wir versprachen uns das Wiedersehen auf dem Vier Winde Hof.

Moskau, ich bin gespannt auf die nächsten Tage, abseits von Nobelhotel, Sponsoren-Empfängen, VIP-Shuttles und Fernsehinterviews. Ich tauche ein in das normale Moskauer Leben. Optisch modernisiert sich die Stadt gerade mit riesigen Schritten. Überall sieht man Baukräne, die entweder an entkernten sozialistischen Bauten stehen oder an ganz neuen Projekten. Highways sind entstanden, ein weiterer Metroring und eine überirdische Schnellbahn, mit der man rasant in die Vorstädte kommt. Moskau ist die größte Stadt Europas mit zwölfeinhalb Millionen Einwohnern, aber so angelegt, dass man nie das Gefühl hat, sie sei überlaufen. Im Gegensatz zu New York zum Beispiel, das aber nur 8,8 Millionen Einwohner hat. Ein Spaziergang auf dem Time Square genügt, um zu wissen, was ich meine.

In dem guten alten Film „The last Waltz" erklärte mir einst Levon Helm, der Schlagzeuger von *The Band*, „Nach New York musst du mindestens dreimal kommen, um es lieben zu lernen. Beim ersten Mal haut es dir eine rein und kickt dich raus." Ich bin über diesen einen ersten Kick mit New York nie hinausgekommen. Aber eins weiß ich genau, Moskau haut dir keine rein. Moskau ist eine uralte Legende, ist Märchen und moderne Metropole in einem. Und du liebst diese Stadt vom Moment der ersten Berührung an. Die Menschen, die du triffst, leisten dazu ihren Beitrag.

Und das manifestiert sich nun sofort beim Eintreffen in der kleinen Wohnung von Ljuda und Sergej. Eines jener Punkthochhäuser aus sowjetischer Zeit, dessen augenscheinlichste Modernisierung nach 1990 die Sicherung der Haustür darstellt. Man braucht jetzt einen Pin-code, damit sich die Tür öffnen lässt. Das Wohngebiet wurde, als DDR-Kind erkenne ich das, zwischen den Fünfzigern und Siebzigern erbaut. Die schmalen Sträßchen zwischen den Hochhäusern waren damals noch ahnungslos im Hinblick auf die Menge an Autos, die sich einst hier drängen würden. Das gepflanzte Grün von damals ist heute so hochgewachsen, dass man kaum bis auf die andere Seite der Neubaukarrees sehen kann, in deren Mitte eigentlich immer Kinderspielplätze und Bänke zu finden sind. Dschigurdas wohnen in der zwölften Etage, in zwei Zimmern, Bad ohne Fenster und Klo separat, Flur, Küche mit Loggia, die wahrscheinlich mal ein Balkon war. Als ich vor zwei Jahren das letzte Mal hier war, bewohnten eines der beiden Zimmer noch die Zwillingssöhne. Inzwischen sind die Zwei raus und das Zimmer wurde mir bereits als Gästezimmer hergerichtet. Wie froh wir sind, uns wiederzusehen! 2016 haben wir uns kennengelernt, und vier Jahre lang viel Zeit füreinander gehabt. Sergej war dabei, als wir Barden aus sieben Ländern durch unsere Staaten tourten, dichtete „Fluss der Zeit" und das „Lied vom Frieden" für mich ins Russische. Ljudmila war 2017 und 2018 dabei, als Olga Zalesskaya das Festival „Bard Rybalka" organisierte und ich dort auftrat. Sie war bei unseren Konzerten auf der Krim dabei. Und oft war ich hier Gast, bis 2020 das Thema Corona alles brachial stoppte, was wir gemeinsam planten. Dann der Krieg. Wir haben uns drei Jahre lang nicht gesehen und fallen uns nun endlich wieder in die Arme.

Natürlich muss ich mich sofort in die Küche setzen und essen. Serjosha bietet mir sogar einen Kognak an, aber ich halte mich lieber an ein Glas „шампанское" (Sekt) mit Ljuda. Wir haben uns viel zu erzählen aber auch Zeit genug, uns noch etwas davon für den Abend aufzuheben. Ich muss heute noch zum „Haus der Künstler", um das Original der Einladung abzuholen, mit der mein Visum beantragt wurde. Das trifft sich gut, denn Ljudmila muss ganz in der Nähe dort zu einer Kostümprobe für ihre nächste Filmrolle. Sie arbeitet als Schauspielerin und Sängerin zwar fest im

„Ensemble der Russischen Streitkräfte“, das ein eigenes Theater in Moskau hat, aber auch Tourneeensemble ist. Trotzdem spielt sie noch an einem freien Theater ohne eigenem Haus und hin und wieder im Filmgeschäft mit. Wir fahren zuerst zu ihrer Kostümprobe und weil ich dort nicht im Flur sitzen will, spaziere ich ein wenig draußen herum. Um die Ecke ist, wie überall in Moskau, ein Park. Mit dem Denkmal eines Dichters, den ich nicht kenne, mit kleinen Holzhäuschen von Imbiss- oder Eisverkäufern, Schachspielplätzen, einer Ausleihstation für kindliche Kradfahrer. Es ist ein ganz normaler Moskauer Donnerstagnachmittag. Kinder kommen aus der Schule, Mütter schieben Kinderwagen, auf den Bänken sitzen Menschen jeder Generation. Manche plaudern in den Abend hinein, andere verdrücken nur einen Burger oder telefonieren und eilen dann weiter.

Mitten in dieser Alltagsidylle entdecke ich eine Strecke von Pappaufstellern. Eine Art Ehrentafel mit Portraits und Kurzbiographien von Soldaten oder Offizieren, die an der Front sind. Eine Geste, die mich zum Nachdenken bringt. Wo in Deutschland hätte man je Vergleichbares gesehen, wenn unsere Soldaten auf den Balkan, nach Afghanistan, in den Kongo oder sonst wohin geschickt wurden oder werden. So gelingt es in Deutschland, dass viele Menschen gar nicht wissen, was vor sich geht. Hier steht es mitten im Park. Ich weiß nicht, mir wäre wohler, wenn es weder das eine noch das andere geben müsste. Gedankenversunken sitze auch ich auf einer Bank und lasse die Bilder an mir vorüberziehen. Dann klingelt mein Handy – Ljudmila hat fertig anprobiert.

Mein „Haus der Künstler“ steht auf dem Arbat, einer altehrwürdigen Straße im Zentrum Moskaus, die von jeher den Kern eines berühmten Künstlerviertels bildet. Mehrere Theater, Cafés, Straßenmusiker und Mimen. Eine große Bronzefigur zeigt Bulat Okudshava, den georgischen Dichter und Barden, wie er über den Arbat schlendert, der sein Zuhause war. Wir essen zusammen ein Eis und rufen per Video unsere Freunde Olga und Aljosha auf der

Krim an. Dschigurdas telefonieren oft mit ihnen, aber getroffen haben auch sie sich seit zwei Jahren nicht. Im „Haus der Künstler" liegt das Papier für mich bereit, aber der Veranstaltungsmanager hat schon Feierabend. Dafür bittet er mich aber über den Portier, mir unbedingt den Saal anzusehen. Denn er möchte mich herzlich einladen, dort ein Konzert zu spielen. Wow! Und was für ein Saal! Die 2020 abgerissenen Verbindungen scheinen sich schnell neu knüpfen zu lassen.

Ljuda und ich fahren noch ein paar Dinge einkaufen und dann geht's zurück in die kleine Küche in Марьино.

Die Nachbarin kommt auch zum Abendbrot und bringt Salat mit. Sie hat das Finale als Stream gesehen und möchte wohl wissen, was das nun für einer ist: „Der Deutsche". Wir essen und trinken zusammen, reden über Puschkin, Gott und die Welt. Wir hören Musik, bei der sich die Drei gegenseitig darin übertreffen, mir noch Lieder vorzuschlagen, die ich nachdichten und singen könnte. Irgendwann ruft noch Ljudas Kollegin vom Theater an. Es ist Yuta, die mit Hargun aus Indien im Finale gesungen hat. Die Welt ist doch klein. Ljuda macht mir gegenüber ein bedeutungsvolles Gesicht und sagt am Telefon: „Und? Wer hat Dir von den Teilnehmern besonders gefallen?" Die Antwort kommt verblüffend schnell: „Der Deutsche war schon ziemlich beeindruckend mit ‚Журавли' ", Ljuda triumphiert, „na wie ich sehe, freut ihn das. Er sitzt grad vor mir und hat heute auch schon von Dir gesprochen. Er würde gern CDs von Dir haben und mal sehen, ob was gemeinsam geht." Auch Yuta ist überrascht über die gemeinsame Verbindung zu Ljuda. „Sehr gerne," sagt sie. „Wann fliegt er nach Deutschland zurück?" Sie geht morgen auf eine kleine Tour, aber sie will sich was überlegen, wie ich zu Ihren CDs komme. Spannend. So ein schöner russischer Abend, obwohl nur eine wirkliche Russin dabei ist – die Nachbarin. Wir singen zusammen und nebenher läuft, mal mit und mal ohne Ton, der Küchenfernseher. Unter anderem kommt da eine der humoristischen Lieblingsserien der Russen. Сваты – Ehestifter/Kuppler. Und Sergej sagt beiläufig: „Sehr beliebt bei uns. Läuft schon jahrelang. Produzent ist Wolodymyr Selenskyj." Jetzt fällt mir fast das Essen aus dem Gesicht. „Wie bitte? Der Präsident? In Kiew tilgen sie jedweden russischen Straßennamen, stürzen Denkmäler von russischen Dichtern und entfernen russische Schrift über Einkaufsläden. Und Ihr guckt begeistert 'ne Familienserie, die Selenskyj produziert hat?" „Ja," lautet die Antwort „warum nicht?" Wow! Das muss ich meinen Leuten in Deutschland unbedingt erzählen.

Mein Wunsch, mitzubekommen, wie der „Tag des Sieges" in diesem Jahr hier begangen wird, wird wie von Zauberhand erfüllt werden, denn ab morgen hat Ljudmila jeden Tag Auftritte in diesem Zusammenhang. Natürlich nimmt ihr Theater an solchen Veranstaltungen überall im Land teil. Das heißt, morgen müssen wir um 8:00 Uhr losfahren. Zwei Stunden Fahrt nach Tula.

Die Stadt der Samoware

Und längst nicht nur das! Tula ist berühmt für seine Samoware, die seit Jahrhunderten in dieser schönen Stadt hergestellt werden. Aber Tula hat auch einen Kreml! Naja, eigentlich haben viele der alten russischen Städte einen Kreml, weil das eben immer die ursprüngliche alte Burgbefestigung ist, mit der die jeweilige Besiedlung einer bestimmten Gegend ihren Anfang nahm. Natürlich sind nicht alle Kreml in allen Städten so wunderbar erhalten, wie der weiße Kreml von Tula. Nachdem wir Ludmila am, zu sozialistischen Zeiten gebauten, Kulturhaus von Tula abgeliefert haben, wo heute eine feierliche Gedenkveranstaltung zum „Tag des Sieges" stattfindet, wandern mein Freund Sergej und ich die Hauptstraße abwärts und folgen einfach dem Leuchten der goldenen Zwiebeltürme der Basilika, die innerhalb des Kremls über seine Mauern ragt. Klar, dass das nicht die einzige Kirche von Tula ist, aber für uns erst einmal Wegweiser. Hoppla, plötzlich kommen wir an einem Akkordeon-Museum vorbei. „Ja, Akkordeons können sie hier auch. Besonders die kleinen, die wir aus den Filmen über den Großen Vaterländischen Krieg kennen," kommentiert Sergej. „Und wusstest Du, dass in Tula auch hochwertige Mikrophone hergestellt werden? Deine Italiener, die beim Festival den „Sympathie-Preis" bekommen haben, denen haben sie ein Studiomikrophon aus Tula überreicht." Das finde ich natürlich interessant. Ich stelle mir vor, ich würde auf der Bühne über ein Mikrophon singen, auf dem „Sojus" stünde.

Und was Tula auch hat, ist ein galaktisch großes Waffenmuseum. Mich interessiert sowas nun leider überhaupt nicht, aber Sergej meint, wenn wir schon mal hier seien und Zeit hätten, sollten wir da reingehen. Was ich dort zu sehen bekomme, ist nicht nur eine sehr moderne Art von Museumskultur, sondern auch überraschend viele Arten von Waffen. Ob historisch oder modern, es ist die Vielfalt, die mich umhaut. Und die Entwicklung ist interessant. Immer unterscheidend zwischen Massenware und Prestigeprodukten, kann man hier nachvollziehen, wie über die Jahrhunderte die Waffentechnik dahingehend vervollkommnet wurde, möglichst schnell und mit kalter Distanz immer effizienter und schneller, immer mehr Menschen töten zu können. Es schnürt mir die Kehle zu und ich fange an, die Säle schneller zu durchschreiten, bleibe nur noch bei Säbeln, Gewehren oder Pistolen stehen, die optisch auch einen ästhetischen Wert haben – und je moderner die Waffen werden, desto seltener ist das für mich festzustellen.

Glücklicherweise ruft Ljuda an und fragt, wo wir seien. „Im Museum, vierte Etage," erklärt Sergej. Ljuda will uns hier abholen und ich schlage vor, dass wir schon rausgehen, damit sie nicht erst Eintritt zahlen muss. „Sie zahlt in Kultureinrichtungen keinen Eintritt," erwidert er, „sie ist Veteranin dreier Kriege. Sie hält nur den Ausweis hin." Sie ist was? Veteranin? Ljuda findet uns und ich platze sogleich mit meiner Frage heraus. „Du bist Kriegsveteranin?" Sie zeigt mir ihren Ausweis und erklärt: „Du weißt doch, dass ich am *Theater der Russischen Armee* arbeite. Sie schicken uns natürlich auch in die Kriegsgebiete, dafür wurde das Theater schon zu sowjetischen Zeiten gegründet. Damals fuhren sie dorthin, wo sowjetische Truppen stationiert waren – z.B. in die DDR. Jede Armee hat solche Ensembles und unseres hat viele Sparten. Orchester, Schauspiel, Tanz, Estrade, Rock/Pop... Eigentlich können wir alles. Ich bin in Tschetschenien, Afghanistan und im Donbass im Frontgebiet gewesen, bin dort mit dem Theater aufgetreten, das macht mich zur Kriegsveteranin. Aber wir sind keine Mitglieder der Armee. Wir haben keine Dienstgrade und tragen keine Uniformen. Wir sind Künstler."

Meine Gedanken schweifen ab und in meine Jugend zurück. Ich erinnere mich, dass ich Siebzehn war und meine erste Einstufung mit *Jessica* bespielt hatte. Nach dem Konzert kamen zwei Herren in die Garderobe und boten mir an, meinen Grundwehrdienst beim

„Erich Weinert Ensemble“ abzuleisten. Ich hatte damals meinen Musterungsbefehl schon erhalten, wusste aber weiter noch nichts darüber, in welche Waffengattung sie mich stecken würden. Ich wusste nur eins, dass ich nicht länger als die nötigen anderthalb Jahre gehen würde. Für das „EWE“, unser NVA-Ensemble, musste man sich drei Jahre verpflichten. Aber als Berliner wäre ich Heimschläfer geworden, hätte eine solide musikalische Ausbildung erhalten und Unterricht auf einem Instrument meiner Wahl, Schauspielunterricht, Gesangsausbildung, und die Auftritte hätten mich durch das gesamte sozialistische Lager geführt. Manche meiner späteren Musikerkollegen und Schauspieler haben diesen Weg gewählt damals, um nicht Soldat werden zu müssen. Frank Schöbel dürfte eines der berühmtesten Beispiele sein. Sie trugen Uniform, waren Gefreite oder Unteroffiziere, aber der Rest blieb ihnen erspart. Ich sagte Nein damals, der drei Jahre wegen. Und sie schickten mich in die Grenzausbildungskompanie nach Eisenach, weit weg von zu Hause. Während meiner gesamten dreimonatigen Grundausbildung zum Grenzer blieb das „EWE“ an mir dran. Nach besonders unerfreulichen Ausbildungstagen hatte ich Termin beim „Polit“ und der erinnerte mich dann an meine Chance, dem Soldatenleben zu entkommen. Aber die Zeit lief für mich und schließlich gaben sie auf. Als klar war, dass ich bleiben würde, übertrug man mir die Aufgabe, in Eisenach eine Regiments-Combo zusammenzustellen...

Ich frage Ljuda nach ihrem Auftritt heute und sie macht den Eindruck, als müsse sie erstmal überlegen, wo sie vor einer halben Stunde noch aufgetreten ist. „Normal,“ sagt sie, „wir sind ein gutes Team.“ „Und wie ist das,“ hake ich nach, „jedes Jahr Tag des Sieges über Deutschland zu feiern seit fast achtzig Jahren. Birgt das nicht die Gefahr, irgendwann seinen Reiz zu verlieren? Oder gibt's da auch immer mal wieder neue Impulse?“

„Wir feiern nicht, dass wir Deutschland besiegt haben. Schon lange nicht mehr. Wir feiern, dass wir als Volk vermocht haben, uns gegen einen übermächtigen Feind zu stemmen und unsere Freiheit zu behaupten. Das hat uns miteinander verbunden und daran erinnern wir uns jedes Jahr und feiern zusammen. Denn ein Volk, das siegreich durch eine solche Hölle gegangen ist, kann allem widerstehen. Weißt Du?“

Da ist er wieder, der große Unterschied kollektiver Erinnerung zweier Völker. Während wir Deutschen über die letzten zwei Generationen versucht haben, die Scham über unseren Drang, die Welt zu unterjochen, loszuwerden und dafür in immer größerem Ausmaß die Geschichte umzuschreiben versuchen, haben sich die Russen den Stolz auf ihren Sieg erhalten und ihn sogar so umgewidmet, dass es ihnen möglich wurde, mit den Deutschen wieder im Reinen zu sein. Und genau diese Deutschen rufen zwei Generationen später durch ihre Außenministerin und andere Meisterinnen der Politik wieder dazu auf, Russland zu vernichten?

Im Abendrot kommen wir wieder in Moskau an und verbringen den Abend in der kleinen russischen Küche, in deren Fernseher an der Wand wieder die Selenskyj-Serie plätschert. Ich freue mich auf morgen, denn nach einem Interview für die Internetsendung „From Masha with love“ werde ich mich wieder an Ljudmilas Arbeitsalltag hängen und mir Dostojewskis „Schuld und Sühne“ ansehen. In einer Inszenierung ihres zweiten, freien MCXT (Moskauer Modernes Künstlerisches Theater) spielt sie darin die Mutter Raskolnikows. Ein Theatererlebnis höchster Güte, wie sich herausstellen wird.

Tausendvierhundertachtzehn Schritte

Am Morgen des siebenten Mai ist mir nun schließlich klar, dass es gar nicht besser hatte kommen können. Um zu erleben, wie sie hier die Feiertage um den 9. Mai verbringen, muss ich einfach nur meiner Freundin Ljudmila Tatarowa-Dschigurda hinterherlaufen. Heute tritt sie wieder mit dem *Theater der Russischen Armee* auf. Und zwar im Park „1418 Schritte zum Sieg", einer relativ neuen Parkanlage, die gleichsam Denkmal und Museum ist. Das Areal, das wir durch einen gigantischen Triumphbogen betreten, ist riesig. Zentrum ist eine mächtige Kathedrale mit goldenen Kuppeln, die mich an die Neswski-Kathedrale in Sofia erinnert. Als Sergej, der uns heute wieder begleitet, mir erzählt, dass sie dieses Bauwerk in zwei Jahren hochgezogen haben, falle ich das erste Mal um. In einem meiner Nachbardörfer in Mecklenburg-Vorpommern haben sie im Februar etwa achtzig Meter Straße für eine Baustelle abgesperrt. Sie wollen dort neue Strom- und Wasserleitungen verlegen. Bis November wollen sie damit fertig sein. Zehn Monate! Hier in Moskau stehe ich vor einer gigantischen russisch-orthodoxen Kathedrale, die wirkt, als stünde sie seit vierhundert Jahren hier und die Bauzeit betrug vierundzwanzig Monate.

Die Zahl 1418 im Namen des Parks ist überall in der Kathedrale verarbeitet. In Zentimetern, Metern, Gramm oder Kilo. Im Gewicht des Goldes auf den Kuppeln oder des gekreuzigten Jesus über dem Altar des großen Kirchenschiffes beispielsweise findet sich diese Zahl. Oder in der Anzahl der Stufen, die aus dem eingeschmolzenen Eisen zerstörten deutschen Kriegsgerätes gegossen wurden. Dem Durchmesser der Halle, in der man ebenfalls auf solchem Eisen steht, oder der Höhe bis zur Kuppel. Warum? 1418 schwere und mühsame Tage dauerte der Große Vaterländische Krieg. Das Museum zieht sich in einem großen Halbkreis hinter der Kathedrale herum und es heißt, dass man, links vom Eingang beginnend, 1418 Schritte gemacht hat, wenn man es rechts am Ausgang wieder verlässt. Ein Freund von Sergej soll das skeptisch mit einem Schrittmesser überprüft und bestätigt gefunden haben. Unglaublich! Serjoscha und ich beschließen, diese 1418 Schritte heute nicht zu gehen, sondern irgendwo im Mittelfeld das Rondell zu verlassen, um rechtzeitig für Ljudas Auftritt zur Bühne zu kommen, wo schon den ganzen Tag ein Programm läuft. Danach wollen wir zusammen in die Kathedrale und dann wird Nachmittag sein und wir freuen uns auf Schaschlik, der uns schon jetzt von weit her entgegenduftet.

Der Eintritt ins Museum ist frei, wenn man am Eingang zum Park ein Ticket erworben hat. Aber wir haben Backstageausweise bekommen und bewegen uns damit frei durch den Park.

Das Museum ist eine Offenbarung. Man durchläuft die Tage des Krieges in einem relativ dunklen, nicht allzu breiten Gang und jedes Register musealen Knowhows wird gezogen. Vitrinen mit Exponaten, Filmen und Kopfhörern an bestimmten Punkten oder sogar Hologrammen, die Dich in einem Lazarett zum Patienten, in einem Geschützstand zum Soldaten oder in einem Birkenwald zum Aufklärer werden lassen, der auf einen deutschen Trupp trifft. Ich habe sowas noch nie gesehen. Das Leid des Krieges – aber auch die Leidenschaft des Widerstandes werden so nachvollziehbar gemacht, dass meine Gefühle regelrecht Achterbahn fahren. Und mit jedem Schritt, den ich hier mache, fühle ich mich weniger als „der Deutsche". Und Sergej, der ukrainische Russe an meiner Seite, von dem nicht der Hauch irgendeines belehrenden Vorwurfes ausgeht, sieht mir das schmerzende Herz rechtzeitig an, legt mir den Arm um die Schulter und sagt: „Den Rest vielleicht irgendwann. Komm." Und wir treten aus dem dunklen Museumsrondell nach draußen ins Licht eines Moskauer Frühlingstages. So mag der Frühling auch 1945 ausgesehen haben, als es aus allen Straßenlautsprechern und Radioapparaten tönte: „Der Krieg ist vorbei!"

Und obwohl ich bei diesem Gedanken weinen möchte, kann ich mir wohl kaum vorstellen, wie hoch die Herzen damals schlugen.

Der Auftritt des „Theater der Russischen Armee", bestehend aus Liedern, Gedichten und Moderation, ist nur ein kleiner Baustein des Bühnenprogrammes, das hier bis zum 9. Mai noch laufen wird. Beiträge aus, wie mir scheint, allen ehemaligen Sowjetrepubliken sind angekündigt oder schon gelaufen. Auch aus der Ukraine, die in der offiziellen Sprachregelung nicht als *Feind* bezeichnet wird. Man spricht vom *faschistischen Regime in Kiew* und betrachtet die Intervention als *Dienst an der ukrainischen Bevölkerung* und den darin verwobenen russischen Landsleuten.

Mir fällt das überall auf und wenn man darüber nachdenkt, dann erschließt sich einem auch die fundamentale Logik dieser Formulierungen.

Denn wenn man bedenkt, wie viele Ukrainer in Russland, wie viele Russen in der Ukraine leben, beziehungsweise mit ihren Familien nach Russland geflohen sind, dann ist einem doch klar, dass es gar nicht russisches Ansinnen sein kann und auch niemals funktionieren würde, „die Ukrainer" zum Feind zu erklären. Ein Grund für die derzeitige Aussichtslosigkeit eines Rückzuges der russischen Armee aus der Ukraine ist die begründete Befürchtung, dass man damit die eigenen Leute und Jeden, der während der russischen Besetzung kooperierte, der Willkür der nachrückenden Truppen Kiews ausliefern würde. Eben diese Willkür gegen Russen und Russlandfreunde in der Ukraine, die ja Teil der Motivation eines Einmarsches der russischen Armee war, könnte sich dann mit großer Sicherheit hochpotenziert verbreiten. Und das ist übrigens wiederum Teil der Begründung dafür, dass die Bevölkerungen der russisch besetzten Gebiete mehrheitlich für den Anschluss an Russland stimmen. Nicht, weil sie unbedingt Russen sein wollen, sondern weil sie Angst vor der „Bestrafung" durch Kiew haben. Gerade in diesen Tagen wird das überdeutlich, denn in den *be-*

setzten Gebieten (ich benutze das Wort aus Sicht des Westens) gehen wieder die Veteranen des Großen Vaterländischen Krieges auf die Straßen, gibt es die Feierlichkeiten und Ehrungen wieder. Vor einem Jahr wurden diese alten Heldinnen und Helden in ukrainischen Städten auf offener Straße bespuckt, zu Boden gestoßen und geschlagen. Ich habe die Handy-Videos, die auch reichlich im Internet zu finden waren, gesehen! Und als ich selbst eins auf Facebook teilen wollte, wurde es mir gelöscht wegen „Verstoß gegen die guten Sitten". Was würde also passieren mit diesen Menschen, wenn die russische Armee dort einfach verschwände?

Teil einer Rückzugsvereinbarung müsste auf jeden Fall der Verbleib von internationalen Schutztruppen sein – eingeschlossen ukrainische und russische. Sowie eine klare Aussage des ukrainischen Gesetzes, wie mit willkürlichen Bestrafungsriten umzugehen sei. Ich weiß nicht, ob unsere Politiker diesen Vorschlag schon eingebracht haben, um die Beendigung des Krieges möglich zu machen. Aber eines weiß ich: Mit jedem Panzer, den wir liefern für die Befreiung des ukrainischen Volkes, vergrößern wir auch genau diese Angst dort. Darum wäre es Zeit für eben jene anderen Lösungsansätze!

Trotz der angenehmen Frühlingssonne zeigt das Thermometer nicht mehr als vier Grad. Wir sind warm angezogen, Sergej trägt einen Rucksack mit Thermosflaschen, in denen Kaffee und Tee dampfen. Den Kognak dazu hat er nicht vergessen. Unsere Ljudmila, die ich noch gestern im Theater als ältergeschminkte Mutter eines Mörders gesehen habe, tritt heute als strahlende tatarische Schönheit ins Rampenlicht, gewärmt von einem langen russischen Mantel, der nach Wildleder und Fellkragen aussieht aber ein tierfreundliches Imitat ist. Sie ist eine sehr gute Sängerin – eine, die ihr Potential als Handwerk versteht, keine eigenen Lieder schreibt, sondern als Interpretin arbeitet. Sie nimmt diese Arbeit sehr ernst. In ihrem Auto hat sie CDs mit Gesangsübungen, damit sie eingesungen am Spielort erscheint. Ihr Serjosha, der ebenfalls sehr gut singt und sogar als Gesangs- und Stimmentwickler für Schauspielerinnen gearbeitet hat, aber eben auch Songs schreibt, ist ihr stets ein kritischer Lehrer, hört jede ihrer kleinen Schwächen raus und motiviert sie, es besser zu machen. Oft habe ich sogar gehört, wie er seine Ljuda auf Gesangsschwächen von Sängerinnen aus dem Radio aufmerksam machte. Für mich, der so analytisch sehr selten andere Sänger hört und beurteilt, ist das immer wieder interessant. Sie sind ein tolles Paar, diese beiden Künstlerseelen. Ich liebe sie wirklich sehr.

Und leide jetzt ein bisschen mit Ljuda und ihren Kollegen, denn, während das Museum ziemlich voll ist und man sich auch an den Fressbuden rundum drängelt, stehen hier draußen vor der Bühne zu wenig Menschen. Na ja, es ist eben kalt und erst Mittag. Nun, ich weiß, was das für die Künstler bedeutet. Besonders, wenn man eine so riesige Bühne betritt und es auf dem Platz davor erbärmlich leer ist. Es braucht viel Kraft, sich als Künstler über das, was man sieht, hinwegzusetzen und die Würde der Kunst zu beschützen, indem man noch über sich hinauswächst. Oftmals ist man dadurch bei einer Veranstaltung, die unter absurden Bedingungen stattfindet, weil das große Publikum fehlt, viel besser als in einem vollgefüllten Auditorium, dass schon im Rhythmus klatscht, bevor man überhaupt die Bühne betritt. Bei mir ist es sogar so, dass ich mich in den ausverkauften Häusern immer ausdrücklich darauf konzentriere, wirklich alles aus mir herauszuholen, während das zum Beispiel bei schlecht besuchten Friedensdemonstrationen ganz von selbst geschieht. Und im Grunde habe ich mir damit auch schon erklärt, wo die Strahlkraft der Künstler da oben grad herkommt. Sie nährt sich aus dem Bewusstsein einer patriotischen Aufgabe. Die Künstler, die Moderatoren, der ganze Veranstaltungsort hier und auch die bisher wenigen Menschen vor der Bühne dienen einem patriotischen Gedanken – das Andenken an die Helden jenes erbitterten Krieges zu wahren, der vor nur einem Menschenalter sein Ende fand.

Als wir Ljudmilas Kostüme zurück zum Auto gebracht haben, wartet Serjosha schon mit Schaschlik und Kognaktee auf uns. Er hat einen der heiß begehrten Tische ergattert und dort alles abgestellt. Stühle gibt es nicht dazu, aber bei vier Grad will auch keiner von uns sitzen. Plötzlich kommt ein Soldat im Tarnanzug heran und während er fragt, ob wir was dagegen hätten, stellt er auch schon sechs Pappbecher und ein paar Bierflaschen bei uns ab. Wir haben nichts dagegen. Er pfeift nach irgendwohin und herbeigelaufen kommen fünf junge Soldaten, auch in Tarnkleidung. Jetzt erst erkenne ich, dass der Erste Schulterstücke trägt und wahrscheinlich ein nicht allzu hoher Offizier ist. Sicher ist er der Zugführer der kleinen Truppe. Als er seine Schäfchen beisammen hat, wendet er sich an Ljuda und fragt: „Und Ihr? Von wo?" „Von hier", antwortet sie, „Moskau". Und Serjosha fügt hinzu: „Und einen deutschen Freund haben wir dabei. Die sechs Paar Soldatenaugen richten sich auf mich aber es liegt nichts Erstauntes oder Skeptisches in ihrem Blick. „Aha, Deutschland, mir war wie Frankreich." Klar, ich trage eine Schiebermütze und meinen langen, dunkelblauen Trenchcoat mit hochgeschlagenem Kragen. Yves Montand lässt grüßen. „Seid Ihr Künstler?" „Ja," antworte ich ihm, „sie war vorhin dort auf der Bühne." Sein Gesicht erhellt sich. „Du sprichst Russisch?" „Чуть-чуть. Ich verstehe mehr, als ich sagen kann." „Na besser als umgekehrt!" lacht er und hält mir einen leeren Becher hin, während einer der Soldaten unaufgefordert losflitzt und noch zwei weitere bringt. Als Jeder von uns einen Becher in der Hand hält, geht der Zugführer mit der Flasche rum. Wodka natürlich. „Und?" erkundigt sich Sergej derweil, „woher kommt Ihr?" „Von der Front und da geht's jetzt auch wieder hin," lautet die Antwort. „Donbass?" „Donbass." Serjosha weiß es schneller als ich und erklärt es mir später. Diese Soldaten gehören zu den Freiwilligencorps, die in den Krieg ziehen, weil sie das Treiben des Westens und die Russenhatz in der Ukraine als Bedrohung verstehen. Und darüber kann man sich nun ereifern, wie man will, aber eines bleibt klar: sie werden sich von Niemandem was gefallen lassen. Anders als 1941 sind sie auf alles gefasst und vorbereitet.

„Also!" Wir heben die Becher. „Auf den Sieg!", sagt der Zugführer. Ich weiß nicht, ob er den 9. Mai meint oder den Sieg im aktuellen Krieg oder beides und obwohl oder weil mir klar ist, dass jeder Frontsoldat aus tiefstem Herzen auf einen baldigen Sieg trinken wird, füge ich zaghaft hinzu: „Auf den Frieden." Und Ljuda nimmt den Gedanken auf und sagt: „Ja Kinder. Auf den Sieg, auf die Liebe, die Freundschaft, auf den Frieden." „Darauf!", kommt es von den Soldaten und wir leeren die Becher. Dann greift jeder nach einem Stückchen unseres Schaschliks, als „закуски". Kein Russe trinkt, ohne danach einen kleinen „Zubeiß" zu nehmen. Einer von ihnen räumt auf, jeder von ihnen gibt jedem von uns die Hand. Alles Gute, sagen wir. Alles Gute, erwidern sie. Dann laufen sie los zu ihrem Bus ins Ungewisse – an die Front.

Ich bin überwältigt von mir bisher völlig unbekannten Gefühlen und Gedanken.

Праздники – Feiertage

Und da ist er nun, der 8. Mai. Tag der Befreiung, wie wir ihn in der DDR nannten. Im Westen war es der Tag der Kapitulation und kein Feiertag. Darüber möchte ich jetzt nicht nachdenken. Ich poste einen Gruß in unseren Festivalchat auf WhatsApp mit der Erklärung, dass wir Deutschen den „Tag des Sieges“, auch wenn wir ihn anders nennen, ja am 8. Mai begehen und ernte eine unerfreuliche Diskussion mit dem Griechen, der eine Schimpfkanonade gegen „den Westen“ loslässt, welcher versuche, die Geschichte zu verzerren und dafür sogar das Datum ändere. Fast tut es mir leid, ihm widersprechen zu müssen, denn mit der Geschichtsverzerrung hat er ja Recht. Aber als 1945 in Deutschland die Kapitulation unterschrieben wurde, war noch 8. Mai – als die Nachricht in Moskau ankam, war dort bereits 9. Mai und so brannte sich dieselbe Kunde in den beiden Ländern an unterschiedlichen Tagen ins Gedächtnis der Menschen ein.

Noch interessanter ist, wie heute in Deutschland mit diesem Tag umgegangen werden wird. Von Feiertag kann ja schon seit dreißig Jahren keine Rede mehr sein. Der Osten hatte gefälligst die Art des Umganges mit diesem Tag vom Westen zu übernehmen. Aber zu viele Menschen im Osten hatten es sich in den dreißig Jahren deutscher Vereinigung nicht nehmen lassen, diesen Tag trotzdem feierlich zu begehen. Wir trafen uns an den Denkmälern, legten Blumen nieder, sangen gemeinsam Friedenslieder und dankten den Sowjetsoldaten – nicht ohne auch der Deutschen zu gedenken, die von den Führern und Handlangern dieses sogenannten Dritten Reiches verheizt wurden. Manche im wahrsten und schrecklichsten Sinn des Wortes.

Je deutlicher in den vergangenen Jahren wurde, dass die NATO, trotz des gegebenen Versprechens es nicht zu tun, ihre Ausbreitung

Richtung Russland fortsetzte, desto trotziger wurden die Friedensaufmärsche zum 8. und 9. Mai an den sowjetischen Ehrenmälern. Die Bundesregierung hatte bisher immer noch wenigstens eine offizielle Kranzniederlegung in Gemeinsamkeit mit Vertretern der post-sowjetischen Botschaften vollzogen. Aber schon im letzten Jahr hatte Scholz den russischen Botschafter dazu ausgeladen und war nur Seite an Seite mit dem ukrainischen Botschafter Melnyk, einem erklärten Bandera-Anhänger, zum Denkmal geschritten. Die Symbolik war kaum zu überbieten. Anstatt den 8. Mai und die Befreiung vom Hitlerfaschismus als vielleicht letzte Möglichkeit auf der Suche nach gemeinsamen Werten und als möglichen Ausgangspunkt zum Dialog zu betrachten, wurde Russland ausgeladen. Wie aber auch schon längst vor dem Ukrainekrieg aus den Feierlichkeiten zur Landung der Alliierten in der Normandie. Steinmeier bedankte sich für die Befreiung von Auschwitz nicht bei der Sowjetarmee, sondern bei der Ukrainischen Front, als hätte diese aus Ukrainern bestanden und nun also lud man jenes Russland aus, das argumentierte, mit seiner militärischen Intervention einen Kampf gegen ein faschistisches Regime zu führen und ging stattdessen Schulter an Schulter mit dem Botschafter jenes Regimes, der ganz öffentlich von seiner Sympathie für den ukrainischen Faschisten Bandera sprach. Punktlandung.

In diesem Jahr hat sich die Spirale noch eine Windung weitergedreht, denn nun sind jegliche russische Symbole in Deutschland verboten. Russische Orden, russische Flaggen, das Georgsband, russische Logos und sogar russische Autonummernschilder. Wer heute zu den sowjetischen Ehrenmälern geht oder mit Transparenten und Fotos gefallener oder nicht gefallener russischer Helden am Gedenkmarsch teilnimmt, dem drohen die Verhaftung oder Anzeige und Geldstrafe. Das sind die Nachrichten aus meinem Heimatland, die mir den Vormittag stehlen. Und ich frage es immer wieder: Wie viele Kriege führten die USA und wie viele amerikanische Symbole, Flaggen und Autonummern wurden in Deutschland deshalb verboten?

Wir frühstücken spät heute. Ljuda hat ein paar Tage frei. Sie möchte für den Abend einkaufen und dazu auch auf den Basar am Rande des Nachbarbezirkes Люберцы. Durch meine bulgarischen Kindheitsprägungen liebe ich slawische Basare und will also unbedingt mit. Außerdem will ich Люберцы sehen, denn dort ist meine Schwiegermutter Jelena aufgewachsen und in ihren ersten sechs Lebensjahren, sowie allen anschließenden DDR-Sommerferien, auch meine Frau Sofia. Es ist erst ein paar Jahre her, dass ihre alten Großeltern dort am Октябрьский проспект verstarben.

Die Düfte eines solchen Basares muss ich nicht wieder und wieder beschreiben, obwohl mir danach wäre. Ich laufe Ljuda hinterher, die eine bestimmte Sorte Speck sucht, um ihn abends zum Wodka den „закуски" beizulegen. Bei einer der Händlerinnen, die solcherlei anbietet, kostet die Krimtatarin Ljudmila, „Verdiente Künstlerin Russlands", drei Scheibchen unterschiedlicher Sorten und ist unzufrieden. Als sie nach der vierten Sorte unentschieden wirkt, fragte die genervte russische Matrone hinter ihrem Stand: „Na was willst Du denn für Speck haben?" Ljuda beschreibt die Gewürzmischung und die Matrone poltert los: „Ach na dann hau doch ab mit Deinem feinen ukrainischen Näschen." Ljuda wird rot und ich erwarte eine scharfe Gegenattacke. Aber sie sagt: „Ich bin aus Moskau, Mütterchen. Dann gib mir das Stück von diesem da. Vielleicht finde ich meinen noch woanders." Wow, denke ich, ein Friedensengel. Die Matrone brummelt was vor sich hin und packt das gewünschte Stück ein. „Brauchst Du noch was anderes, Mädchen?" Aber Ljuda bedankt sich, bezahlt und strömt mir voraus um die Ecke zu einem nächsten Stand und dann zu noch einem. Sie findet ihren Speck, nach der tatarischen Rezeptur gewürzt. „So schmeckt er einfach am besten", sagt sie, „Du wirst sehen."

Als wir Serjosha am Abend die Marktgeschichte erzählen, muss er lachen. Da falle ihm doch gleich die Sache mit der Krimbutter ein. „Ach naja," erklärt sie mir, „ich habe eben meine ganze Kindheit eine bestimmte Butter gegessen, die bei uns dort hergestellt wurde. Als ich nach Moskau kam, gab es diese Butter nicht und da habe ich immer, wenn ich wieder auf der Krim war oder wenn Freunde und Verwandte von dort nach Moskau kamen, einen Buttervorrat eingefroren. Aber das ist ja nun vorbei, Dank Eurer Sanktionen. Denn seit die Westprodukte aus unseren Läden verschwunden sind, hat Russland auf eigene Produktion umgestellt. Bums, eines Tages sehe ich doch meine Butter im ‚Globus' liegen. Und das ist ja auch vernünftig. Warum brauchen wir irische oder deutsche Butter, wenn wir selbst genug herstellen können? In vielen Fragen haben uns Eure Sanktionen die Augen geöffnet."

„Man hilft ja, wo man kann," sage ich und wir lachen. „Na hast Du vorhin im ‚Globus' irgendwas vermisst?" Und es ist wahr: In Deutschland sind die Warenangebote seit unserem Sanktionsexzess gegen Russland zum Teil erheblich ausgedünnt. In Moskau ist solcherlei nicht zu bemerken. Und in Tula, also der Provinz, oder in Sankt Petersburg, Wologda, Smolensk, Wolgograd, Sewastopol etc., war es auch nicht so. Alles Orte, die ich gesehen habe, seit die Sanktionen gegen Russland laufen.

Als die Sanktionen schon ein Jahr im Gange waren und die EU ein weiteres Paket verabschiedete, hat Putin alle Wirtschaftsminister der Republiken zusammengerufen und gesagt: „So Leute, Karten auf den Tisch. Ich will wissen, was passieren muss, damit Russland das durchsteht!" Zögerlich hatte einer der Minister geantwortet: „Das Beste für die russische Wirtschaft wäre, wenn die Sanktionen nie wieder enden würden."

„Möchtest Du eine Cola?" fragt Serjosha, um im Thema zu bleiben. Coca Cola sanktioniert uns. Sie liefern jetzt die doppelte Menge Cola an Aserbaidschan und wir kaufen von dort. Und es kostet uns weniger, als der bisherige Deal mit den Amerikanern. Scheinheilige Sanktionen! Keins der westlichen Unternehmen möchte weniger Umsatz machen. So geht alles auf Umwegen und Euch erzählen sie was von moralischer Verpflichtung. Das amerikanische Gas, das Ihr bezieht, holen sich die Amerikaner zu großen Teilen aus Russland.

Dann wird dieses Flüssiggas an Euch verkauft. Und Ihr baut noch Terminals ins Naherholungsgebiet, anstatt Eure Nordstream-Leitung zu reparieren. Also, 'ne Cola?"

Ich spüre, wie mir die Wut kommt bei solchen Gesprächen. Wir werden derart verarscht im besten Deutschland der Welt und lassen alles mit uns machen.

Aber der Abend wird sehr schön. Die Nachbarin kommt wieder rüber und wir gucken um 19:45 Uhr gemeinsam die Fernsehausstrahlung von „Дорога на Ялту". Zum ersten Mal kann ich das Programm komplett sehen, während die Anderen es ja schon einmal gestreamt gesehen haben. Auch alles zu hören, ist schon schwieriger, denn Dschigurdas braten Fisch und andere Leckereien. Die Pfanne zischt und dampft und zu jedem der Lieder im Fernsehen muss ich Geschichten und Kommentare einkalkulieren. Nur bei „Журавли" und der Preisverleihung schweigen alle. Serjosha nimmt sogar die Pfanne vom Herd und Ljuda hat ein stolzes Tränchen im Auge. Wir rufen danach per Video wieder auf der Krim bei Olga und Aljosha an. Die haben sich das auch nochmal reingezogen und jubeln. Jetzt machen sie sich auch ein Fläschchen auf und wir nehmen die Gitarren und singen uns gegenseitig was vor. So wird es unmerklich Mitternacht und es beweist sich, was ich immer fast scherzhaft behauptet habe: Der Tag des Sieges ist für die Russen ein mindestens gleichwertiger Feiertag wie Weihnachten und Silvester. Um Mitternacht nämlich ruft Olga dort am anderen Ende: „Ребята – давайте, nehmt die Gläser. С праздником – за победу!"

Ура! Es ist auch unser vorerst letzter gemeinsamer Abend, denn morgen ziehe ich um in mein Hotelappartement Nähe „Park des Sieges". Alles hat geklappt, wie die drei Musketiere und Polina es mir in Aussicht gestellt hatten. Wir werden im „Museum des Sieges" eine Stunde lang „Дорога на Ялту" präsentieren und ich werde Teil dieser Präsentation sein und zwei Lieder singen. „Журавли" und mein „Lied vom Frieden". Aber der Morgen beginnt bei meinen Freunden Ljudmila und Sergej – und zwar ausgesprochen traditionell.

Wir stehen rechtzeitig auf, um zu 10:00 Uhr in der Küche vor dem Fernseher zu sein. Ljuda kocht „Soldatenkascha" zum Frühstück. Das ist ein Buchweizenbrei, wie ihn die Soldaten in den tausendvierhundertachtzehn Tagen zu essen bekamen. Die Feldküche hatte selten mehr zu bieten. Dazu stellt uns Serjosha drei Gläser Wodka auf den Tisch. „Seid Ihr verrückt?" sage ich. „Du musst es nicht essen, Du musst ihn nicht trinken. Aber haben müssen wir es und anstoßen müssen wir. Auf die Väter und Mütter, die durch die Hölle mussten, damit wir heute leben können." Es sind kleine Schälchen mit Kascha und keine сто грамм Wodka. Die Kascha kann gegessen werden, aber der Wodka wartet auf 11:00 Uhr. Solange wird die Parade auf dem Roten Platz dauern. Als Kind bin ich ein paarmal bei den Militärparaden zum 1. Mai in Berlin dabei gewesen. Die vom Roten Platz habe ich nie komplett gesehen. Ich bin kein Freund von solchen Zeremonien, interessiere mich weder für Militärtechnik, noch verstehe ich Putins Rede im ersten Anlauf auf Anhieb. Dennoch bin ich in den Bann gezogen von der andächtigen Feierlichkeit und Würde, die all das ausstrahlt. Anschließend verlässt Russlands Präsident die Tribüne, bildet einen Kreis mit seinen obersten Genenrälen, spricht ein paar Worte, die niemand außerhalb hören kann, läuft dann gemeinsam mit den Präsidenten von Belarus, Tadschikistan, Kasachstan, Usbekistan und Kirgisien zum Hain der sowjetischen Helden bis zur ewigen Flamme. Als die Salutschüsse fallen, heben wir in der Moskauer Küche die Gläser und trinken *Auf den Frieden*! Und mir ist klar, dass wir nicht die Einzigen sind.

Wenig später umarmen wir uns und ich besteige mein Taxi ins Zentrum zum проспект Победы. Der Abschied tut fast nicht weh, denn ich weiß, dass ich bereits im Juni wieder hier sein werde. Eine Deutsch-Russische Organisation um den Mann namens Klaus K. der mich vorige Woche im Hotel besucht und in ein langes, hoffnungsvolles Gespräch verwickelt hat, lädt mich tatsächlich zu einer Konferenz mit anschließendem öffentlichen Konzert nach Moskau ein.

Das wird klappen.

Dass Feiertag in Russland ist, steht Moskau heute ins Gesicht geschrieben. Ein Anblick, wie ich ihn vor über dreißig Jahren das letzte Mal sah. Rote Fahnen, wo man hinsieht, riesige Aufsteller, Losungen und ganz Moskau auf den Straßen in Sonntagslaune. Die Menschen strömen zu den Denkmälern und Veranstaltungen, die Kinder tragen russische und sowjetische Papierfähnchen, die Eltern tragen die Blumen, meist rote Nelken, die man an jeder Straßenecke kaufen kann und die für das Niederlegen an den Denkmälern vorgesehen sind. Veteranen des Krieges tragen ihre alten Uniformen und jeden Orden, der ihnen verliehen wurde. Jeder behandelt sie, als wären es die eigenen Großeltern. Natürlich erinnere ich mich an meine Kindheit und Jugend in einem Land, in dem als eines der obersten Gebote die Ehrung der Sowjetsoldaten und der deutschen Widerstandskämpfer gegen die faschistische Diktatur stand. Und auch wenn dies bei mir selbst und vielen meiner Freunde zu einer nachhaltigen Empathie führte, muss ich doch den Unterschied erkennen und eingestehen zwischen damals und dem, was ich hier heute sehe. Denn während es uns in der DDR zur Pflicht erklärt wurde, die wir mit unterschiedlich großer Überzeugung erfüllten, gehen hier die Menschen aus freien Stücken, traditionsbewusst, feierlich und stolz auf die Straßen. Sie zeigen ihren Ahnen, dass sie ihr Vermächtnis erfüllen wollen. Sie zeigen sich selbst und der Welt, dass sie zusammenstehen. Und so sehr sie sich auch im Alltag und ihren politischen Ansichten uneins sein mögen, das hier eint sie unumstößlich.

Die Adresse auf dem просект Победы ist scheinbar kein wirkliches Hotel, sondern ein Appartement in einem der zu Hause so genannten „Stalinbauten“. Der ganze Straßenzug sieht aus wie die Karl-Marx-Allee in Berlin, nur doppelt so breit. Das Problem ist, dass diese Häuser ihre Hauseingänge immer von hinten im Hof haben und mein Taxi dort nicht ranfahren kann, weil die Zufahrten heute von der Polizei gesperrt werden, um sie als Fußgängerzonen freizugeben. Das ist auch dringend nötig, wie ich sehe – aber wie finde ich nun meinen Hauseingang? Der Taxifahrer hat auf diese Frage nur Achselzucken – er kommt hier nicht weiter. „Dort vorn muss es sein." Ich muss hier aussteigen und den Rest zu Fuß zurücklegen. Ich bin extrem mit Gepäck beladen, denn ich habe neben meinem Koffer und meiner Handgepäcktasche inzwischen noch eine riesige Einkaufstasche mit Geschenken, den Glasrahmen mit Festivalurkunden und meinem Montand-Mantel, für den es heute zu warm ist. Meine Anzüge sind auch, weil gebügelt, nicht im Koffer, sondern extra im Kleidersack. Dazu noch umgehängt meine kleine treue Traveller-Gitarre, die ich... NEIN, hallo Halt!!! Das Taxi ist weg und meine Gitarre auch. Mir schießt das Blut durch die Adern. Panik! Ich überlege kurz und suche nach dem Hoffnungsschimmer. Greife zum Handy. „Ljuda, liebste, schönste, beste. Liegt meine Gitarre noch bei Euch in meinem Zimmer?!" Die Antwort lautet JA. Ich habe sie nicht im Taxi vergessen, sondern bei meinen Freunden. Gott sei Dank! Sie mir aber heute bis zur Veranstaltung noch hinterherzuschicken, das finden wir schnell heraus, wird nichts werden. Immer mehr gesperrte Straßen, je älter der Tag wird und selbst mit der Metro würde jemand eine Stunde bis zu mir fahren müssen. Führe ich selbst, dauerte es zwei Stunden, bis ich wieder hier wäre. Zu wenig Zeit. Ich muss mir für heute eine Gitarre borgen! Aber ich weiß, dass meine Festivalkollegen sich alle von ihren Liedern ein Halbplayback haben machen lassen. Ich hatte darauf verzichtet, weil ich meinen Part live und flexibel gestalten will. Also wird keiner von den Anderen eine Gitarre bei sich haben. Was mir aber jetzt einfällt ist, dass mein neuer Freund Ernest Gitarre spielt und vor Ort sein wird. Den muss ich anrufen.

Aber erstmal mit meinem ganzen Kram von der Straße weg in mein Appartement. Tja, welchen Torbogen steuere ich an? Ich schleppe alles zu einem Zeitungskiosk und frage die бабушка darin, ob sie wisse, welche Hofeinfahrt mich zum проспект Победы Nr. 2 führen könnte. Sie sitzt wahrscheinlich seit Jahrzehnten diesseits der verborgenen Hausnummern und hat keinen Schimmer. „Lass Deine Sachen hier stehen und geh nachsehen" schlägt sie vor. Hm, vermutlich tue ich ihr Unrecht aber so viel Mut und Vertrauen habe ich einfach nicht. Ich bedanke mich und zottle auf Verdacht zu einem der Torbögen. Wenn der es nicht ist, wäre der nächste Versuche dreihundert Meter weiter. Wenn ich dort auch falsch bin, muss ich sechshundert Meter in die andere Richtung. So beladen und mit den Massen von Leuten hier kein Zuckerschlecken. Ich sehe vor mir eine Gruppe bewaffneter Polizei und halte auf sie zu. Vier Männer, zwei Frauen. „Verzeihung, Kinder", ich benutze wie die Russen selbst, die Anrede ребята – Kinder, „wo könnte denn der Hauseingang Nr. 2 sein? Es muss da ein kleines Hotel geben." „Keine Ahnung. Aber warten Sie mal." Zwei von ihnen zücken ihr Handy. „Der Navigator sagt, Sie sind richtig. Dieser Torbogen zum Hof." „Oh Gott sei Dank. Dankeschön", ich rucke an und ziehe los. „Von wo kommst Du?" fragt mir da noch einer hinterher. „Deutschland!" „Deutschland? Ist nicht möglich. Alles Gute" höre ich noch, dann bin ich im Hof mit seinen Bänken, Bäumen und dem zu erwartenden Spielplatz. Aber keine Hausnummern. Die Gebäude sind knapp einhundert Jahre alt, da können so Hausnummern schon mal verloren gehen. Ein Schild „Hotel" ist auch nicht auszumachen. Ich sehe zwei Arbeiter, die an einem Gully rumhantieren. „Entschuldigung. Die Nummer 2? Wo könnte die sein?"

„Komm mit," sagt einer von ihnen und läuft los. Dabei greift er mit einer angedeuteten Geste nach meiner großen Beuteltasche. Ich nehme die Hilfe gern an und geben ihm die Tasche. So trottet er einen halben Schritt vor mir her. „Woher kommst Du?" „Aus Deutschland." Er blickt überrascht zu mir auf und ich errate seine Gedanken. Ausgerechnet heute, am Tag des Sieges trifft er einen Deutschen in Moskau? „Немецкий друг" füge ich erklärend hinzu. „Freund, ja", antwortet mit einem gezügelten Arbeiterlächeln.

„Und Du?“ frage nun ich, denn typisch russisch sieht er nicht aus. „Kasachstan“ sagt er, „Bin aber schon lange hier.“ Wir sind angekommen. Hausnummer 2. Er gibt mir die Tasche zurück. „Alles Gute.“ „Alles Gute und Danke!“ An dieser Haustür gibt es keinerlei Hinweis auf ein Hotel und auch nicht darauf, dass dies wirklich die Zwei ist. Aber immerhin ist es der zweite Eingang von dem anderen Torbogen aus gezählt. Das könnte ein Indiz sein. Aber wie komme ich rein?

Da öffnet sich die Tür von innen und ein älterer Herr tritt heraus. „Ist das Nummer 2?“ „Ja.“ „Und gibt's hier ein Hotel?“ „Kann sein.“ Merkwürdige Antwort, aber ich übernehme die offene Tür und zerre meinen Rollkoffer hinein. Drinnen auch erstmal Stufen. Kein Hotelschild. Auf meinem Hotel-Voucher mit der Reservierungsbestätigung steht: Fünfter Stock. Ok, ich zwänge mich in den winzigen Fahrstuhl, den ich neudeutsch Lift nennen müsste, und fahre in die fünfte Etage. Drei Wohnungstüren, eine ohne Namensschild, kein Hotel. Hier klingeln werde ich jetzt nicht! Ich fahre wieder nach unten und zerre mein Zeug vor die Haustür. Ich muss dort anrufen. Als ich im Hof stehe, kommt mir eine korpulente Baba entgegen und sieht mich irgendwie so an, dass ich sie frage: „Gibt es in diesem Haus ein Hotel?“ „Ja“, sagt sie, „Ich bringe hier den Schlüssel.“ Menschenskinder, denke ich. Wir fahren nach oben, es ist die Tür ohne Namensschild. Sie öffnet und wir treten in eine dieser berühmten riesigen Stalin-Bau-Wohnungen, bei der die Räume von zwei parallel laufenden Fluren, die rechts und links um einen „Salon“ laufen, abgehen. Viele dieser Wohnungen wurden nach dem Krieg zur „коммуналка“ erklärt und von mehreren Familien bewohnt. Es herrschte Wohnungsnot und so wurden die Suchenden auf Bezugsschein und oft zimmerweise versorgt. Sie teilten sich die große Küche und wenn sie Glück hatten, gab es, wie in Wohnungen dieser Art hier, mehrere Bäder.

Der kittelbeschürzten Direktorin meines Hotels muss dieses Prinzip irgendwann wieder eingefallen sein. Sicher hatten sie oder ihre Kinder die Wohnung inzwischen gekauft und nun wird sie vermietet. Nur nennt sie es nicht mehr коммуналка, sondern Hotel. „Was haben Sie gebucht?“, fragt sie, „Normal oder Komfort?“ Ich will nicht fragen, was „Normal“ bedeuten würde, aber ich habe wohl intuitiv „Komfort“ gebucht. Sie öffnet also vom rechten Flur aus eine undurchsichtige Glasflügeltür und wir treten in eine Suite von zwei Zimmern und einem Bad, die nach vorn raus zur Straße blickt. Links ein großes Wohnzimmer im Biedermeier-Stil mit dunklen schweren Möbeln und einem alten Doppelbett, rechts das Bad und mittig ein Zimmer mit zwei Einzelbetten, die ich nur als Ablageflächen brauchen werde. Ich bin zufrieden für die zwei Nächte. Ich öffne die Fenster und lasse den Frühling und die Stimmung des 9. Mai von der Straße herein. Die Dame gibt mir den Schlüssel, zeigt mir die Küche, falls ich sie brauchen würde und erklärt mir noch, dass sie auf der anderen Seite im linken Flur wohnen würde – falls ich etwas brauchen würde. Die Bezahlung ginge nur in bar, aber schräg gegenüber wäre ja eine Bank, um Geld abzuheben. Alles klar. Jetzt muss ich unbedingt Ernest anrufen!

Kein Problem, Ernest wird mir seine Gitarre borgen. Meine Traveller hole ich mir morgen. Ljuda wird mich an ihrer Metrostation auf dem Bahnsteig treffen, mir die Gitarre übergeben und dann steige ich gegenüber in die Bahn zurück.

Ich habe jetzt noch ein bisschen Zeit, meine Sachen zu sortieren und draußen auf der Straße die Stimmung zu fotografieren, dann mache ich mich auf den Weg zum Treffpunkt „Парк Победы“, der für mich nun ganz nah ist. Was ich nicht ahnen konnte, um in das Museum innerhalb des Parks zu kommen, steigen wir, nachdem wir alle beisammen sind, in die Metro und fahren zwei Stationen sozusagen um den Park herum. Von dort holt uns ein Shuttle und bringt uns zum Hintereingang des Museums. Das Gebäude ist riesig und stammt vermutlich aus den Siebzigern. Es besteht aus mehreren Etagen und einem riesigen Foyer, in dem die Bühne steht und Sitzemporen für das Publikum gebaut sind. Aus jeder Etage kann man in dieses Foyer herunterschauen und die Bühne sehen. Das Programm läuft auch hier schon den ganzen Tag. Die Akustik ist schrecklich. Gut, dass ich beschlossen habe, nur zur Gitarre und ohne ein Playback zu singen. Unsere kleine Festivaldelegation wird in der dritten Etage in einen Konferenzraum gebracht, in dem Getränke auf dem Tisch stehen. Wir ziehen uns um und lassen uns dann die richtige Rolltreppe zeigen, die uns hinter die Bühne bringt. Dort wartet Polina auf uns, die eine kleine Dramaturgie geschrieben hat und uns nacheinander auf die Bühne schiebt. Ernest moderiert und weil nun seine Gitarre schon mal da ist, lässt er es sich auch nicht nehmen, selbst ein Lied singen zu wollen. Er hat sogar eigene Songs, aber er wählt das berühmte „Bella ciao" und will es direkt nach mir tun. Für das Publikum muss das überraschend wirken. Ich meine, der Vergleich hinkt zwar schon allein von den politischen Ansichten, aber vielleicht stimmt er vom Status her: Man stelle sich vor, Claus Kleber würde plötzlich irgendwo mit'ner Gitarre auf der Bühne erscheinen und „Bella ciao" singen...

Inzwischen verbrüdere ich mich mit dem „звуко-режиссер", dem Tonmann, der neben der Bühne, in einer Nische versteckt, den Sound fährt. Er kann unmöglich wissen, wie basslastig und viel zu laut alles ist, was er da abfährt. Oder weiß er es? Da hier keine Soundchecks geplant werden, weil ohnehin alle mit Playback arbeiten, kommt es bei mir auf jede Sekunde an, um – während ich schon singe – den Sound zu optimieren. Darum mache ich meine Vorschläge schon jetzt. Bisher versucht man hier, den Hall des Foyers zu übertönen. Ich hingegen möchte versuchen, ihn zu nutzen. Dazu darf ich selbst nicht zu laut sein, weder auf meinem Mikro, noch auf der Gitarre darf technischer Hall liegen. Leise und trocken und mit dem Hall des Raumes arbeiten – das ist mein Plan. Der звуко-режиссер sagt zu all dem „понятно – verstanden" und da bin ich auch schon dran. Angesagt wird der Deutsche, der Vizegewinner von „Дорога на Ялту" und ich betrete unter freundlichem

Applaus die Bühne. Um den „Saal“ in die Stille zu locken, beginne ich mit „Журавли“. Das ist ganz zart zur Gitarre, das kennen und lieben sie, das erstaunt sie auf Deutsch. Ganz still wird es im Foyer, keiner läuft mehr umher, meine Leute sind alle aus der „Backstage-Nische“ rausgekommen und lauschen. Und das Publikum summt leise die Headline des Liedes mit. Es herrscht plötzlich Lagerfeuer-atmosphäre in dem hell beleuchteten, gänzlich unatmosphärischen Foyer. Was für ein Lied, denke ich. In den kräftigen Applaus hinein, gratuliere ich zum Feiertag und unterstreiche meine Freude darüber, am heutigen Tag hier bei ihnen zu sein. Dann kündige ich mein „Lied vom Frieden“ an und singe los. Ich stelle nicht zum ersten Mal fest, dass Russen die Melodie dieser Heiner Lürig Komposition mögen. Das Melodiöse, Poetische liegt ihrer Mentalität. Worüber ich singe, habe ich ihnen beschrieben – sie sind auf meiner Seite. Und natürlich singen sie jetzt auch noch das beatleske oh ho ho am Schluss des Liedes mit. Das ganze Foyer hallt von ihrem Gesang und ich kann, ganz wie zu Hause, das Publikum mit der Melodie allein lassen und stolz winkend von der Bühne gehen. Musik ist die Weltsprache Nummer eins! Euphorisch strömt mir Ernest auf der Bühne entgegen, übernimmt die Gitarre und die Stimmung und singt mit den Leuten „Bella ciao“. Es ist schön, ihm dabei glücklich und zufrieden zuzusehen.

Unser Abend ist damit aber nicht zu Ende. In unserem Konferenz-Garderoben-Raum treffen wir uns noch zur geselligen Runde. Die beiden fehlenden Musketiere sind eingeflogen und einige Freunde kamen dazu. Polina hat ihre Mama dabei. Wir werden gemütlich. Dass wir noch einen Termin haben, ist mir anfänglich nicht klar aber mir fällt auf, dass es nur wenig zu knabbern auf der großen Tafel gibt, an der wir sitzen. Ich habe morgens nur die kleine Schale Kascha gegessen und nach diesem Tag meldet sich der große Bruder vom kleinen Hunger bei mir. Wir singen und plaudern, ich bin etwas melancholisch gestimmt aber Ernest ist ein wunderbarer Unterhalter und hält die Runde bei guter Laune.

Kurz vor 22:00 Uhr heißt es plötzlich „На крышу – Rauf auf's Dach!" Wir steigen über einen Treppenaufgang eine gehörige Anzahl Stockwerke höher und treten auf das Flachdach des breiten Museumsgebäudes hinaus. Meine Überraschung ist erheblich, denn oben erwartet uns nicht nur ein ergreifender Nachtanblick von Moskau, sondern auch ein Buffet mit Stehtischlein unter Pavillons. Hinter dem Buffet stehen keine Kellner, sondern Soldaten und schenken aus Armeekübeln Soldaten-Kascha aus. Wer die nicht mag, hat nur wenige kleine Möglichkeiten, sich heute Abend satt zu essen, denn die Alternative sind nur ein paar kleine „бутерброды" (belegte Brote) mit Fisch oder Ei. Und jetzt verstehe ich das kulinarische Zurückhaltungskonzept des Abends. Es ist Teil eines der Erinnerungsrituale an damals, als die Menschen durch den Krieg kaum zu essen hatten und die Soldaten sich auf ihrem Leidensweg Richtung Berlin von Kascha zu ernähren hatten, die ihnen tagtäglich aus solchen Kübeln verabreicht wurde, damit sie nicht verhungerten und Kraft für den Kampf behielten. Darum essen Russen, die den alten Heldinnen und Helden ihren Respekt zollen wollen, heute nur Soldaten-Kascha. Weniger zurückhaltend ist das Getränkesortiment. Sekt, Wein, Wodka… alles da. Wir suchen uns was aus, dann schlägt von irgendwo eine Uhr. Ich nehme an, es ist die vom Kreml, obwohl der eigentlich zu weit weg ist, um hier noch gehört zu werden. Egal eigentlich. Kann auch von einer der Kathedralen hier kommen und die vom Kreml wird auf jeden Fall schlagen. Als die Glocken aufhören, knallt plötzlich in unserer unmittelbaren Nähe ein Feuerwerk los. Und was für ein Feuerwerk! Ich kann es riechen, ich kann es fast anfassen. Es ist so nah, dass ich mir den Hals verrenke und mich am liebsten hier oben auf den Rücken legen würde. Bei besonders schönen Farbbildern höre ich eine Menschenmenge aufheulen, wie im Stadion am Schluss eines Rocksongs. Ich folge diesem Sound und blicke vom Dach nach unten auf den Museumsvorplatz in eine riesige Menschenmenge, die sich dort versammelt hat, um das Feuerwerk zu sehen. Als mein

Blick von hier oben rund über Moskau schweift, sehe ich, dass wir nicht das einzige Feuerwerk haben. Mindestens drei weitere kann ich ausmachen. Was sich aber hinter unserem Feuerwerk noch tut, sehe ich natürlich nicht. Jemand hat hier oben Musik angemacht, die ich erst wirklich höre, als die letzte Feuerwerksrakete verraucht ist. Es sind die „военные песни – Lieder des Krieges", die wir Festivalteilnehmer jetzt natürlich alle kennen, weil sie eine intensive Woche lang Thema unseres musikalischen Friedensbündnisses waren. Die Versionen, die hier jetzt laufen, sind alle von Lev Leshchenko interpretiert, der das Oberhaupt unserer Jury war. Schon eine knappe Woche ist das her und unser Treffen auf dem Dach, unsere gemeinsame Stunde auf der Bühne, das Feuerwerk, die Kascha und der Wodka, mit dem wir angestoßen haben, wird uns irgendwie auf ewig verbinden, sagt mein Gefühl.

Morgen wollen wir uns nochmal kurzschließen und eventuell treffen. Daniel und seine Frau, Raymond und ich. Und meine Drei Musketiere stecken die Köpfe zusammen und ziehen mich plötzlich in ihren Kreis. Andrey Kondrashov schlägt vor, dass wir uns zu viert morgen, an meinem letzten Abend bei ihm zu Hause treffen, um in Ruhe noch ein bisschen sprechen zu können. Ich freue mich sehr über diese Idee, denn es würde die Lücke schließen, die ich die ganze Zeit schon empfinde – durch die ständigen Karaoke-Abende konnten wir nicht richtig reden. Und dass es nicht um eine Party geht, zeigt sich dadurch, dass sie nur mich einladen und die Anderen nicht. Ich weiß, dass Kondrashov sehr interessiert an der Entwicklung in Deutschland ist. Er hat mal jenen sehr klugen Film über die „Wende" gemacht und damals schon erspürt, wie das Kräfteverhältnis werden und der Anteil von ostdeutschem Wissen in diesem vereinigten Deutschland ausfallen wird. Als einer der russischen Fernsehdirektoren steht er nun in Deutschland auf der schwarzen Liste, genau wie Ernest. Und bei meinem derzeitigen Beobachtungsstand würde ich sagen, dies spricht nicht gegen sie.

Also wird morgen ein voller Tag. Und heute war der 9. Mai 2023 in Moskau. Eindrucksvoll.

Fliegende Zeit

Es ist unfassbar, wie schnell alles, was gestern hier stand und im Frühlingswind wehte, am 10. Mai wieder verschwunden ist. Ich bin früh aufgestanden und losgezogen und die Stadt sieht aus, als hätte es gestern hier nicht das Geringste gegeben.

Meine erste Verabredung heute habe ich mit der kleinen Katja, meinem Flamingo-Volontär. Sie hat sich so gewünscht, mich nochmal zu sehen, dass ich es nicht übers Herz bringe, ihr einen Korb zu geben, vor allem, weil ich es einrichten kann. Vielleicht ist es auch der Wunsch ihrer Mutter, denn die möchte sie mitbringen, wenn ich nichts dagegen habe. Natürlich nicht! Wir treffen uns am Metroausgang „Китай-город“ und spazieren ein bisschen um den Roten Platz herum durch die ältesten historischen Stadtviertel Moskaus.

Ich muss wieder russ-english reden. Zwischendurch ruft mich Daniel an und redet auf Französisch mit mir. Wunderbar! Er will sich wirklich nochmal treffen und zwar ganz in der Nähe von dort, wo wir grad sind. Am Puschkin-Museum. So spazieren wir jetzt in diese Richtung und ich orientiere mich schon mal für später. Katjas Mutter ist durch „Дорога на Ялту“ zu meinem Fan geworden. Russen können so überschwänglich poetisch ihre Begeisterung zum Ausdruck bringen. Auch über die Sanktionen sprechen wir. „Weißt Du,“ sagt sie, „die westlichen Sanktionen wirken an den falschen Stellen. Es trifft zum Beispiel unsere Kinder und ihre Zukunft. Sie wollen in die Welt, sie wollen studieren oder einfach irgendwo etwas über die Welt lernen. Weißt Du überhaupt, dass unsere Katja eine gute Eiskunstläuferin ist? Jetzt darf sie nicht mehr an internationalen Wettbewerben oder Trainingsprogrammen teilnehmen. Welchen Sinn hat das? Nun, eine gute Sportlerin wird sie trotzdem und studieren wird sie hier. In Russland sind viele neue Hochschulen und Universitäten gebaut worden, um die Studenten aufzunehmen, die sich jetzt nicht im westlichen Ausland bewerben können oder dort sogar abbrechen mussten. Sie machen ihre Abschlüsse jetzt hier oder in befreundeten Ländern. Und weil die zusätzlichen Universitäten jetzt da sind, kommen sogar mehr Studenten aus dem Westen zu uns studieren. Was also bringen die Sanktionen wirklich? Man will Russland isolieren, aber das Gegenteil wird eintreten. Am Schluss werdet Ihr isoliert sein, denn die Welt ist größer, als Westeuropa und Amerika. Also warum lasst Ihr das nicht sein? Also, Verzeihung, ich meine nicht Dich. Das weißt Du doch." Ja ich weiß, sie meint nicht mich – ich bin ihr Briefkasten. Danke, ich nehme die Nominierung an! Wir machen noch Erinnerungsfotos und ich verspreche mich zu melden, wann immer ich wieder in Moskau sein werde. Dann steige ich in die Metro und donnere mit ihr zum Stadtrand. Ljuda bekommt meine Nachricht, wann ich an ihrer Metrostation sein werde. Als ich dort ankomme, steht sie schon auf dem Bahnsteig. Ich steige aus, umarme sie, bekomme meine Gitarre zurück, umarme Ljuda wieder und steige auf der anderen Seite in den Zug, der mich zurück zum „проспект Победы" bringt. Froh gestimmt hüpfe ich nach dieser Familienzusammenführung in mein Appartement und lege meine Traveller, die sich bestimmt Sorgen gemacht hat, mich nie wieder zu sehen, auf eines der Einzelbetten. Dann springe ich wieder auf die Straße, in die Metro und zurück Richtung „Библиотека имени Ленина" (Lenin-Bibliothek), vor deren Portal ein Denkmal steht. Und was glaubt man, von wem? Falsch, nicht von Lenin. Nein, vor dieser riesigen Bibliothek steht ein Denkmal von Dostojewski. Und dies zu erklären, dürfte unnötig sein.

Von hier ist der Weg zu Fuß bis zum Puschkin-Museum am kürzesten und während ich die Strecke zurücklege, ruft mich Daniel wieder an. Sie kommen mit dem Auto, stehen im Stau. Ich habe nur ein Zeitfenster von anderthalb Stunden, aber noch bin ich entspannt, setze mich vor dem Museum auf eine Bank, flirte mit dem Täubchen, das sofort neben mich geflattert kommt und erwartungsvoll hin und her tänzelt. Aber ich habe nichts zu verteilen und so flattert es wieder davon. Da kommt Raymond um die Ecke und freut sich auch, mich zu sehen. Er sieht müde aus und wir gehen auf der gegenüberliegenden Straßenseite einen Kaffee to go holen. Als wir wieder auf der Straße stehen, kommt das französisch-russische Paar um die Ecke. Plötzlich reden wir Alle Französisch, weil sich herausstellt, dass auch Raymond dieser Sprache mächtig ist. Da mein Zeitfenster am kleinsten ist, beschließen wir, jetzt in kein Museum zusammen zu gehen, sondern einfach ein bisschen zu spazieren. In der Ferne lugt eine golden bekuppelte Kathedrale über die Dächer und Baumwipfel. Die machen wir uns zum ersten Ziel und dann wollen mich die Drei zur Metro begleiten. So haben wir Zeit zum Plaudern. Wir kommen auf unsere Helden des französischen Chansons zu sprechen und Daniel erzählt eine in Frankreich bekannte Geschichte über Gilbert Bécaud und Charles Aznavour. Aznavour, entdeckt und kurze Zeit protegiert von Edith Piaf, hatte am Anfang seiner Laufbahn den schon bekannteren Bécaud getroffen und gefragt, ob man nicht auch zusammenarbeiten könnte. Gilbert Bécaud hatte abgelehnt mit der Begründung, Aznavour müsse dafür erst noch etwas berühmter werden. Ein paar Jahre später war die Berühmtheit von Charles Aznavour durch die Decke gegangen und weltumspannend. Die beiden französischen Chanson-Ikonen trafen sich wieder und Bécaud schlug vor, auch mal etwas zusammen zu machen. Aznavour soll darauf geantwortet haben: „Sehr gern, aber ich bin so beschäftigt damit, berühmter zu werden, dass ich dafür einfach keine Zeit habe."

Mich erinnert diese Geschichte an 1986, als ich eine bekannte DDR-Sängerin mal fragte, ob die Möglichkeit bestünde, mal was zusammen zu machen. Sie antwortete mir: „Nee, Blutspende jibt's nich." Ich verehrte sie trotzdem, so wie ich auch Bécaud und Aznavour gleichermaßen verehre, auch wenn mir Charles Aznavour im Laufe meines Erwachsenwerdens näher ans Herz gewachsen ist.

Was uns jetzt beschäftigt, ist die Frage, ob wir aus unserer neu gewonnenen kollegialen Freundschaft in der Zukunft nicht noch mehr machen könnten, den Gedanken der internationalen Verbindung durch Musik nicht noch ausbauen. Ich erzähle von meinem Musik-statt-Krieg-Konzept in Deutschland und wir versprechen uns, den Gedanken nicht aus den Augen zu verlieren. Wir könnten mehrsprachige Songs produzieren, könnten kleine Touneen zusammenstellen. Vielleicht so, wie ich es 2016 mit der internationalen Wyssotzki/Okudshava-Tour gemacht habe, bei der aus Belarus, Polen, Tschechien, Russland, Aserbaidschan, Ukraine und Deutschland je ein Barde dabei war, es einzelne Darbietungen aber auch Gemeinsames mehrsprachig auf der Bühne zu erleben gab. Ich weiß schon jetzt, wie schwer es sein wird, diesen Gedanken nicht im Alltag wieder zu verlieren. Man kehrt nach Hause zurück und dort warten tausend andere Aufgaben, die einen die außergewöhnlichen Projekte vergessen lassen. Aber ein schöner Vorsatz ist es auf jeden Fall. Wir wollen dranbleiben. Mit solchen euphorischen Vorsätzen verabschieden wir uns innig und ich springe wieder in die Metro. Zurück zum Appartement, wo mich 18:30 Uhr Musketier Andrey Golodny mit dem Auto abholen will. Ernest hat mir schon geschrieben, dass es nicht zu Kondrashov nach Hause geht, sondern Andrey II. uns zu einem Restaurant in der Nähe des Senders bringen wird, in dem Ernest und Andrey I. ihre Büros haben. „Es ist heute was vorgefallen, was uns zu viel Arbeit in der Nachrichtenredaktion macht", schrieb er, „darum schafft Andrey es nicht nach Hause, um unseren Abend vorbereiten zu können." Auch okay, denke ich und bin neugierig, was denn eigentlich passiert sei? Wieder Drohnenbomber in Moskau? Andrey Golodny ist pünktlich und sammelt mich auf der Straße ein. Aber ich registriere sofort, dass er sehr konzentriert wirkt. „Mein Auto spinnt irgendwie" sagt er. Und zwei Kilometer später stuckert der Motor plötzlich und geht aus. „Schon das zweite Mal auf der Fahrt. Die Elektronik frisst die Batterie." Er wartet einen Moment, dann lässt sich der Wagen wieder starten. Als wir im dicksten Verkehr auf die Hochstraße kommen, geht das Gestucker wieder los. Wenn wir hier jetzt steckenbleiben, haben wir den Hauptgewinn. Dann kann uns keine Pannenhilfe erreichen und wir blockieren alles. Es passiert so! Wir blockieren eine Spur der Hochstraße, mitten in der Baustelle, wo alles auf zwei Spuren reduziert ist. „Nicht aussteigen", lautet Andreys Anweisung, aber ich hab´ neben mir sowieso die Brückenwand und dahinter den Abgrund. Ich werde mich also hüten. Andrey springt raus und sofort hat sich eins der nachfolgenden Autos vor ihn gesetzt, während eins auf der zweiten Spur die Straße blockiert, damit der Andere vor uns wenden kann. So steht er dann Motor an Motor mit unserem. Starthilfekabel werden angeschlossen, Andrey bekommt unser Auto wieder zum Laufen. Nach ein paar Minuten Energiespende dreht der Helfer wieder um und fährt ab. Der Andere neben uns gibt ebenfalls die Straße frei und alle, auch wir, können weiterfahren. Aber die Hochstraße ist lang und das nächste Stuckern lässt nicht lange auf sich warten. Und jetzt fängt der Musketier neben mir tatsächlich an zu beten. Er nimmt eine kleine Ikone von der Armatur, küsst sie immer wieder und betet russische Psalmen herunter. Das Auto scheint davon genauso überrascht zu sein wie ich, denn es hält den ganzen Weg auf der Hochstraße durch. Würden wir schneller fahren, könnte sich ja die Batterie vielleicht aufladen. Aber alles läuft mit dreißig, vierzig km/h und so kann es also nur das Gebet gewesen sein, was uns endlich zurück in das Geflecht von Haupt- und Nebenstraßen gebracht hat. Hier hat die Pannenhilfe eine Chance. Erleichtert atmet das Auto auf und lässt den Motor verrecken. Wir rollen noch mit der Neigung von der Hochstraße in eine Nebenstraße bis zu einer Taxihaltestellennische, schieben das Auto an den Rand und Andrey beginnt zu telefonieren. Die Autowerkstatt soll das Auto holen, die zwei anderen Musketiere sollen wissen, dass wir kommen und ein Taxi ruft er, mit dem wir die letzten fünfzehn Minuten des Weges zurücklegen.

Ernest und Andrey Kondrashov erwarten und empfangen uns herzlich, bedauern erst mich und dann ihren Freund und dann lassen wir uns in eine gemütliche Ecke des sehr weitläufigen Restaurants führen. Man merkt, dass die Drei oft hier speisen, denn wie vor Tagen mit Sascha beim Armenier, scheinen hier einige Dinge schon klar, ohne angesprochen zu werden. Es steht kurz die Frage, ob Fisch oder Fleisch und wir sind uns einig: Fisch. Während nun die Kellner den Tisch systematisch mit Getränken und sehr verschiedenen Variationen von Fischspeisen beladen und Andrey I. sich entspannt ein Elektro-Pfeifchen angesteckt hat, summt unaufhörlich Ernests Handy und er muss Nachrichten lesen. „Ich muss es jetzt ausmachen", sagt er, „sonst kann ich kein Wort mit Euch wechseln." Mich quält die Neugier und ich frage, was den heute passiert sei. Und wieder ereilt mich eine Nachricht, die mich überrascht und die ich unbedingt meinen Leuten in Deutschland erzählen muss. Im Sudan hat sich nämlich dieser Tage die Bürgerkriegssituation so zugespitzt, dass Russland beschlossen hat, Einsätze zu fliegen, um seine Leute dort rauszuholen. Und jetzt kommt's: Dabei haben sie einen großen Teil des diplomatischen Corps der Ukraine mitgenommen! Ich bin von den Socken. „Ja natürlich", sagt Ernest, „wer uns dort um Hilfe ersucht hat, den haben wir auch ausgeflogen." Und ich wette, denke ich, dass ich auf lange Zeit einer der wenigen Deutschen sein werde, die davon etwas zu hören bekommen.

Der Abend mit den „drei Musketieren" hält, was ich mir davon versprochen habe. Wir sprechen auf Augenhöhe über Musik und Politik und sie haben viele Fragen zu bestimmten politischen Vorgängen oder Äußerungen in Deutschland. Klar, zwei von ihnen sind hochrangige Nachrichtenleute und bestens informiert. Aber immer wieder möchten sie wissen, was mit den Menschen ist? Was wir denken, wie wir dieses und jenes einschätzen. Ich versuche analytisch und ehrlich zu beschreiben, wie unterschiedlich die Bewertungen von Putins Russland und dem Ukraine-Konflikt ausfallen. Wie aufmerksam aber ein größerer Teil der Bevölkerung nach der Sprengung von Nordstream 2 geworden ist. Und ich betone, dass wir auf allen Seiten Lösungen finden müssen, auch aus diesem Krieg und dem Konflikt herauszufinden. „Krieg“, sagt Ernest, „ist immer das schlechteste Mittel und es ist nie richtig, ihn zu beginnen. Aber dieser Krieg begann nicht am 24. Februar 22.“ Ich weiß das. Und niemand von uns kann sagen, wie es weitergangen wäre, wenn Russland nicht militärisch interveniert hätte. Kiew hatte seine Divisionen am Donbass und vor der Krim zusammengezogen, Selenskyj verkündete die Eroberung. Keiner weiß, ob sie nicht heute auf russischem Territorium kämpfen würden, wenn sie es hätten laufen lassen. Defacto ist es ja sogar so, denn der Donbass hat seine Zugehörigkeit zu Russland beschlossen und besiegelt. Ihn militärisch zurückerobern zu wollen – gegen den Willen der Menschen dort, die sich seit neun Jahren gegen die Bombardierungen stemmen – konnte, da der Westen Minsk II in keiner Weise geltend zu machen gedachte, nichts anderes ergeben, als einen Militärschlag Russlands.

Und ich befürchte, dass das von Anfang an der amerikanische Plan war. Wieder fühle ich mich an die Methoden erinnert, die ich aus meinen Indianerbüchern kenne. Töte mit einem Pfeil des einen Stammes jemanden aus dem anderen Stamm und dann sieh zu, wie sie sich an die Gurgel gehen. Bring den Ukrainern bei, dass die Russen der Feind sind. Sieh zu, wie Ukrainer Russen jagen und töten und warte in Ruhe darauf, dass Russland eingreift...

Die Drei bedanken sich nochmal bei mir dafür, dass ich nach Moskau gekommen bin und auch wir versprechen uns, diese Brücke zu pflegen. „Irgendwann“, sagen sie „wird auch wieder Frieden sein, weil sich die Wahrheit nicht ewig verschleiern lässt. Und dann wird es gut sein, noch gemeinsamen Boden vorzufinden, auf dem man neu säen kann.“

Die drei Musketiere Andrey, Ernest und Andrey II. sind die letzten russischen Stimmen, die ich auf dieser Reise einfange. Eine Nacht und den Vormittag später sitze ich wieder auf dem Flugplatz von Istanbul und lasse meine Gedanken schweifen, immer wieder unterbrochen von Handynachrichten aus Moskau, Paris, Belgrad... aus Italien, Ungarn, Algerien und der Mongolei, von wo aus mir meine neuen Freunde einen guten Flug und „До свидания" schreiben. Diese Reise war so viel mehr, als nur das Festival. So viele Begegnungen, so viele Stimmen aus dem Volk, so viele Beobachtungen und Erkenntnisse. Menschen aus aller Welt, Menschen aus Russland mit ihrem Blick auf mein deutsches Land. Wie provinziell kam mir dieses Deutschland in vielen Momenten vor, wie engstirnig und anmaßend. Mit seinem formulierten Anspruch, Russland in die Knie zwingen zu wollen. Ich habe viel russische Traurigkeit gesehen über diese deutsche Haltung. Aber nie habe ich erlebt, dass sie von „den Deutschen" sprachen – im Gegenteil. Sie sind dem deutschen Volk auf für uns beschämende Weise verbunden und zugewandt. Und natürlich warten und hoffen sie darauf, dass unser deutsches Volk seiner Außenministerin und dem argumentationslos bellenden Kanzler endlich in die Parade fährt.

Ich bin auf dem Weg nach Hause. Zu meiner deutsch-russischen Familie mit ihren ukrainischen und sorbischen Wurzeln. Zu meinen Freunden, meinem Publikum. Wie die Kraniche kehre ich durch die Lüfte zurück in der Hoffnung auf Wärme. Wie wird man mich beurteilen, wenn ich von meiner Reise erzähle? Wie viel Hass wird mir entgegenschlagen von Leuten, die wahrscheinlich nie einen Fuß in das Land gesetzt haben, über dessen Menschen sie urteilen? Wie viel Hoffnung aber auch werde ich Jenen bringen, die so denken wie ich und dem politischen deutschen Treiben ohnmächtig zusehen müssen?

Wie es auch sei. Ich werde meine Geschichte denen erzählen, die zuhören wollen. Denen, die das Wort Frieden nicht auf den Lippen tragen, um darunter ihre Vernichtungsphantasien zu verbergen.

Denen, die ihr Herz öffnen und verstehen wollen. Und egal, wie unterschiedlich wir diesen Krieg momentan noch bewerten mögen – wir haben die Pflicht, alle Kriege gleich zu bewerten und auf unseren eigenen Beitrag daran zu schauen. Was mich betrifft, so werde ich eine Überzeugung nicht ablegen:

Wir haben nicht nach dem zu suchen, was uns trennt, sondern nach dem, was uns verbindet! Das ist sowohl Natur-, als auch Kulturgesetz!

Der Beruf Politiker ist überhaupt nur entstanden, damit es Menschen gibt, die sich kompetent und versiert darum kümmern, die Bedürfnisse und Ansichten der Menschen zu einem menschlichen Miteinander zu verbinden. Lösungen mit dem Ziel von Verbindung zu finden. Solange es in Deutschland diese Politiker an der Macht nicht gibt, lasse ich mir als Künstler nicht verbieten, den Versuch zu unternehmen, Spaltungen zu überwinden, Verbindungen zu knüpfen und dem Wort FRIEDEN seine Poesie zurückzugeben. Dafür mein Wort und mein Lied!

„Ich vermochte nur wenig. Aber die Herrschenden
saßen ohne mich sicherer, das hoffte ich.“ Bertolt Brecht

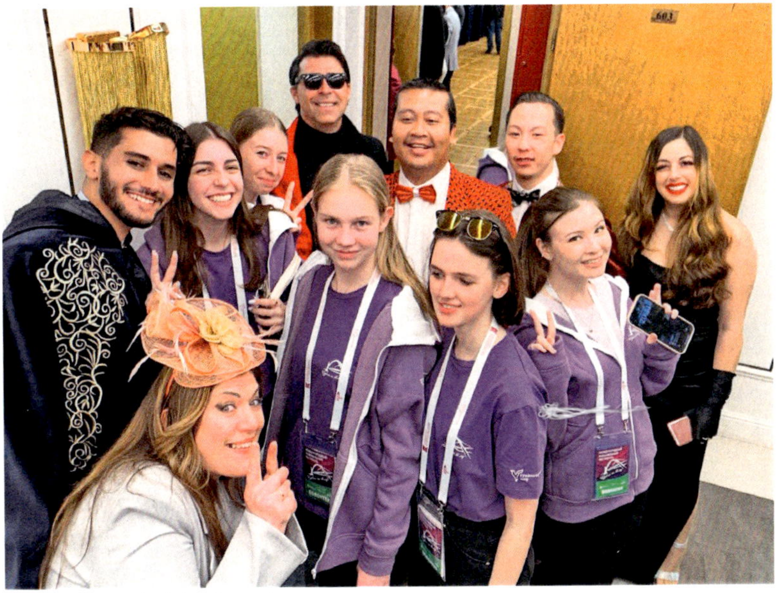

Gruppenfoto mit "Flamingos"

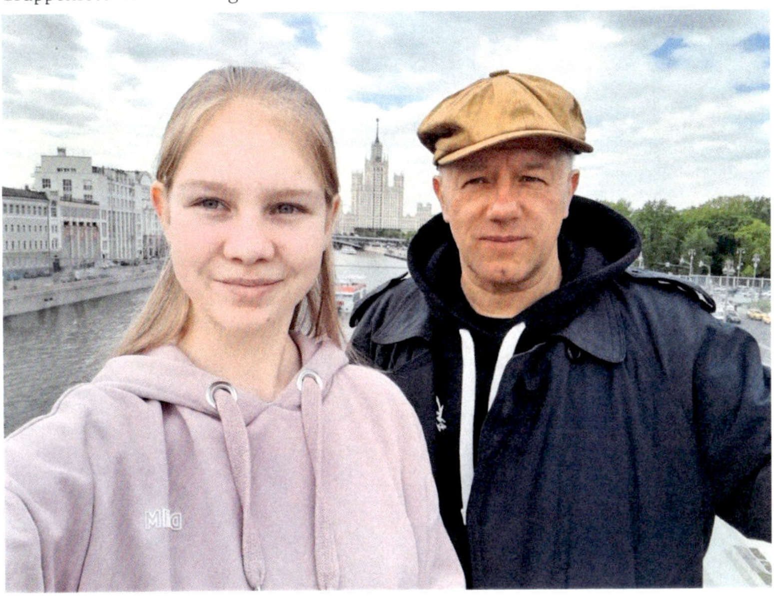

Volontärin Katja

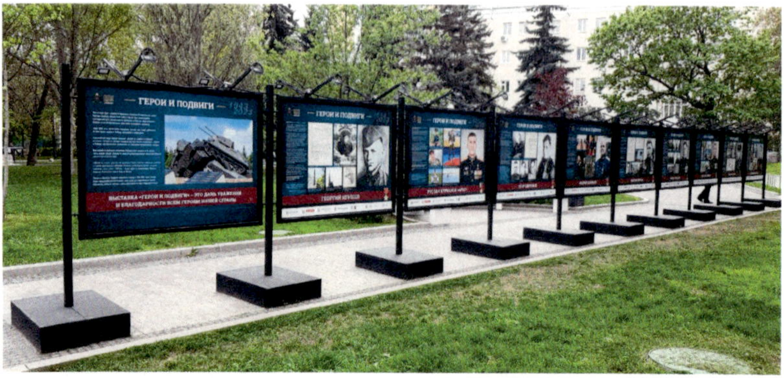

Ehrentafel

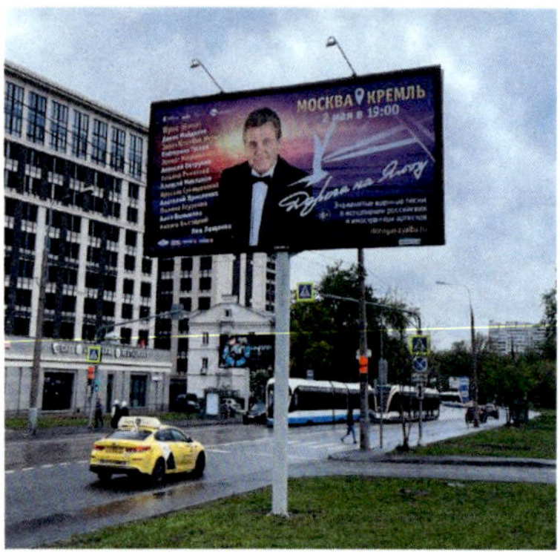

Werbung für „Doroga na Yaltu“

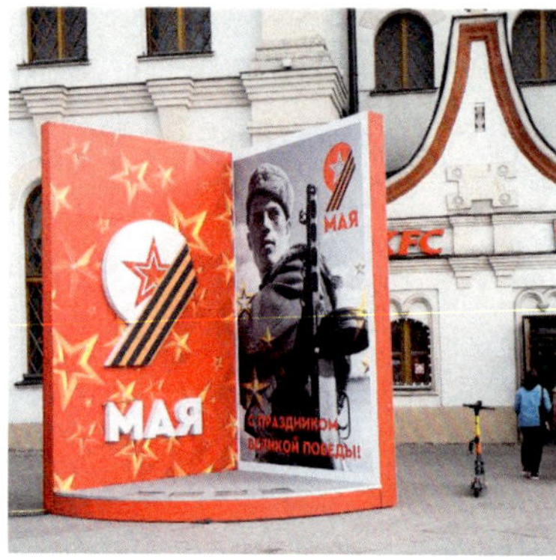

9. Mai

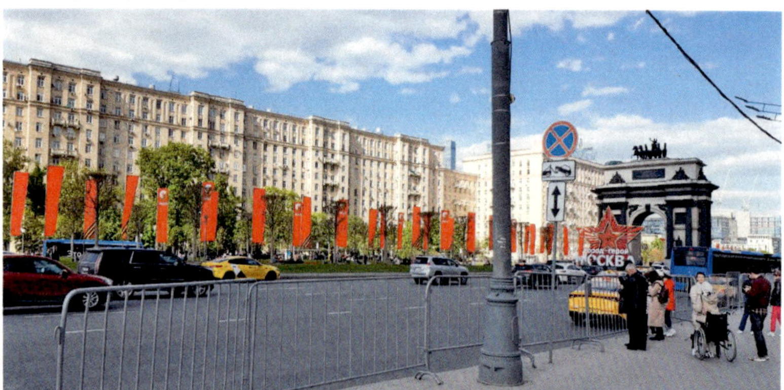

Moskau 9. Mai

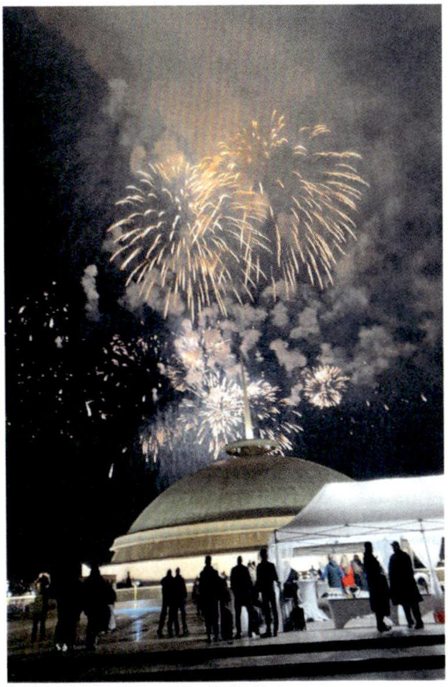

Feuerwerk 9. Mai

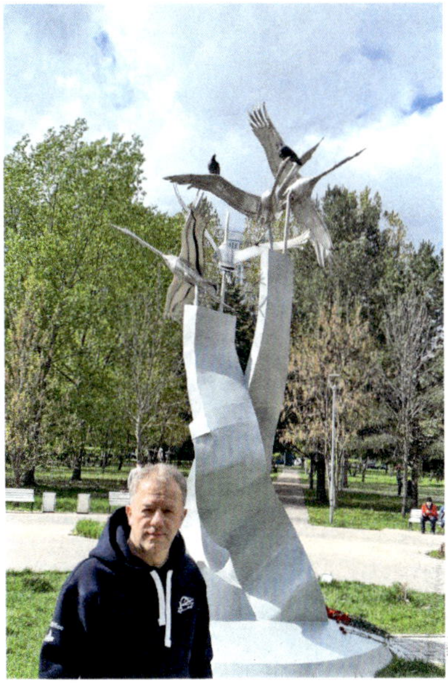

Denkmal Журавли

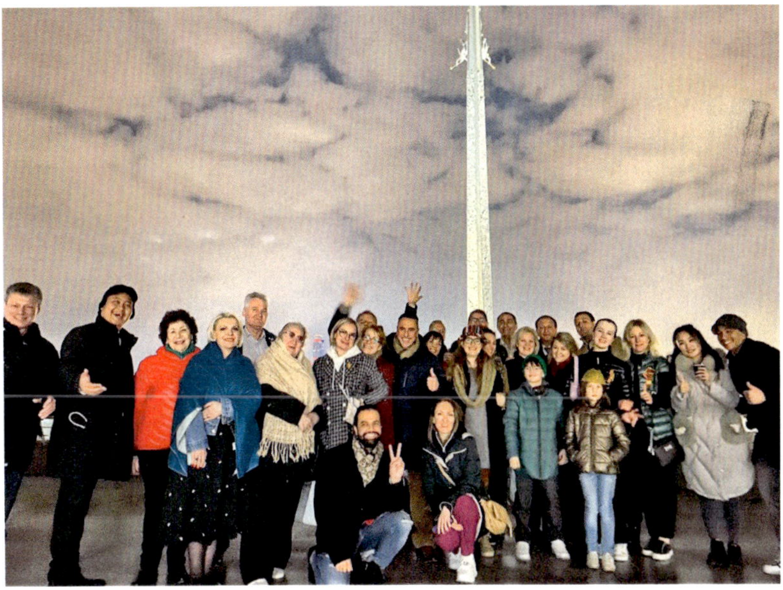

Nach dem Feuerwerk

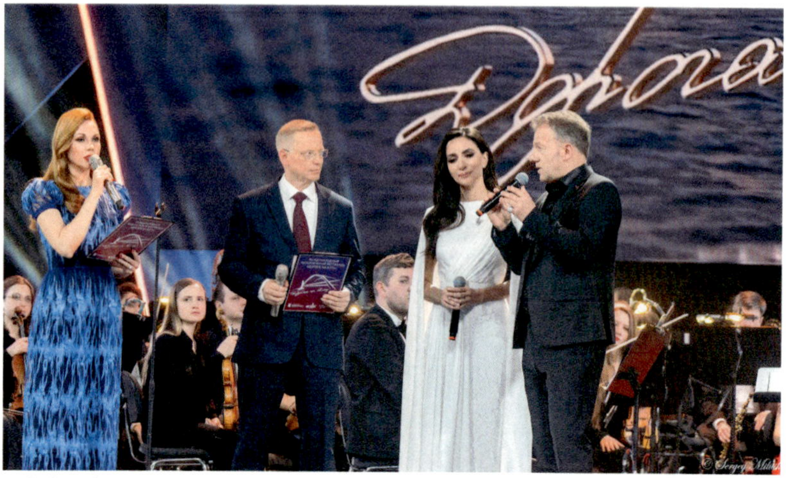

Auftritt mit Zara

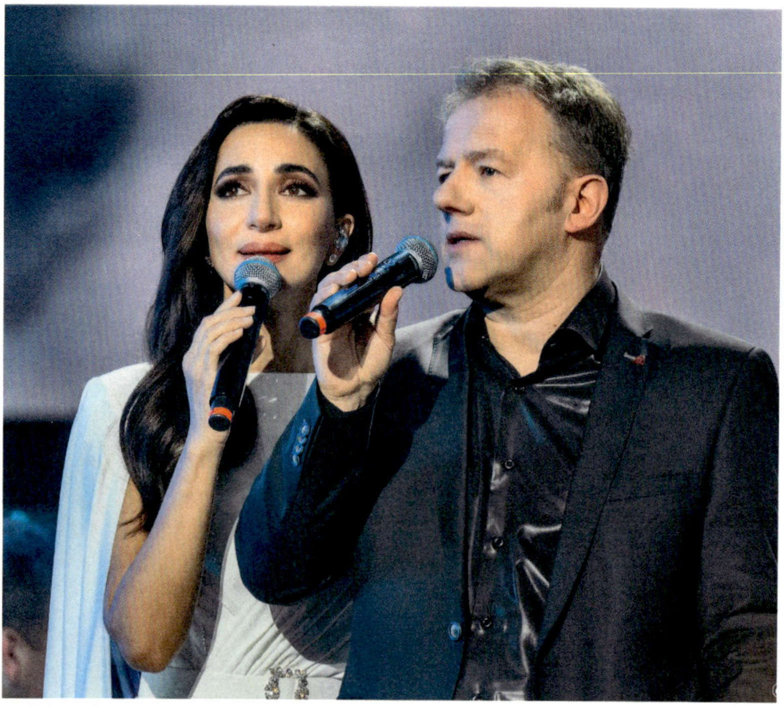

Auftritt mit Zara

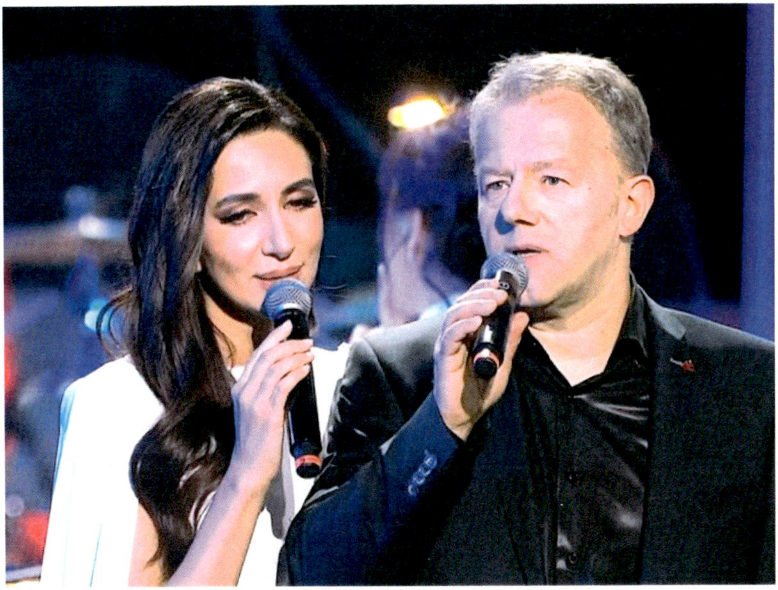

Auftritt mit Zara

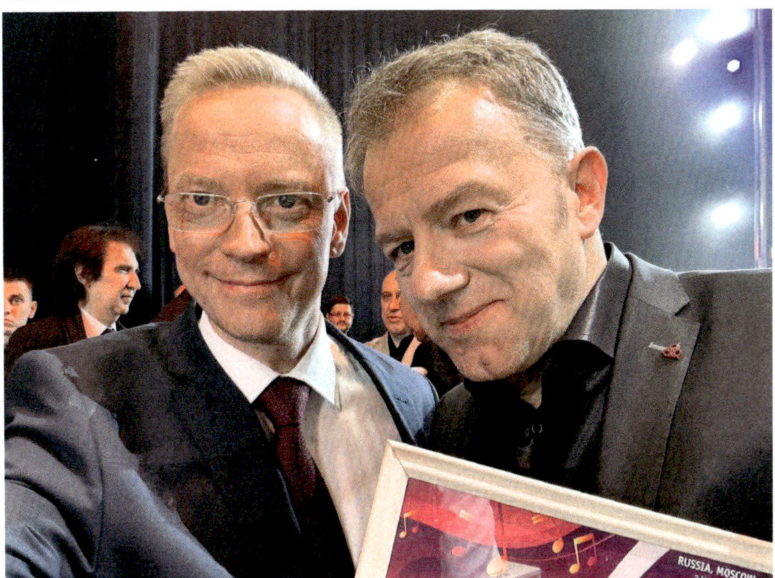

Ernest M. + Tino

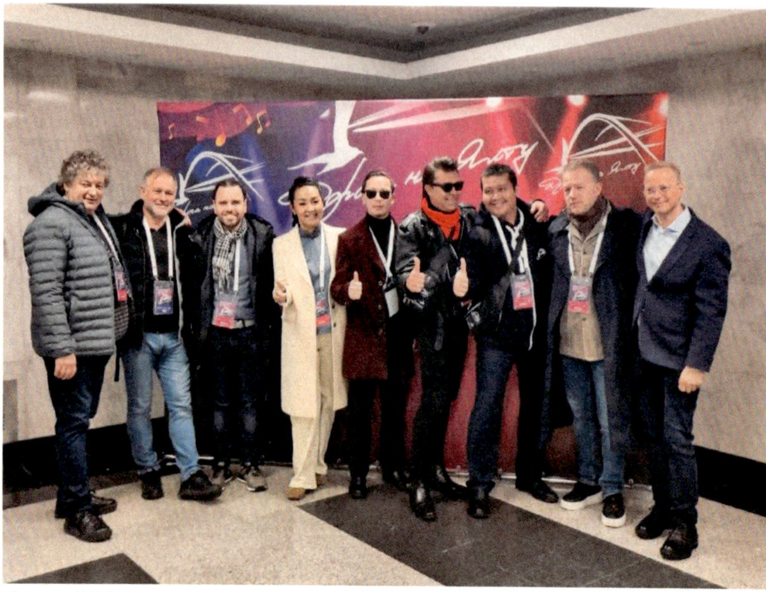

Gruppenbild

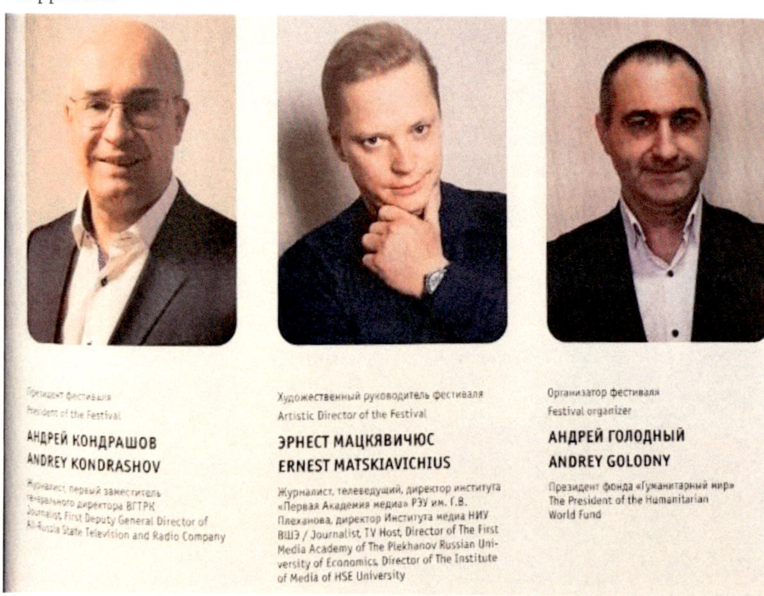

Die drei Musketiere

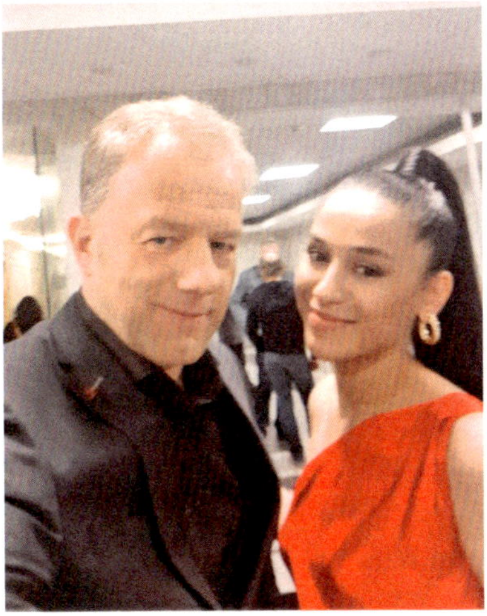

Zeliha Kendirci (Türkei)

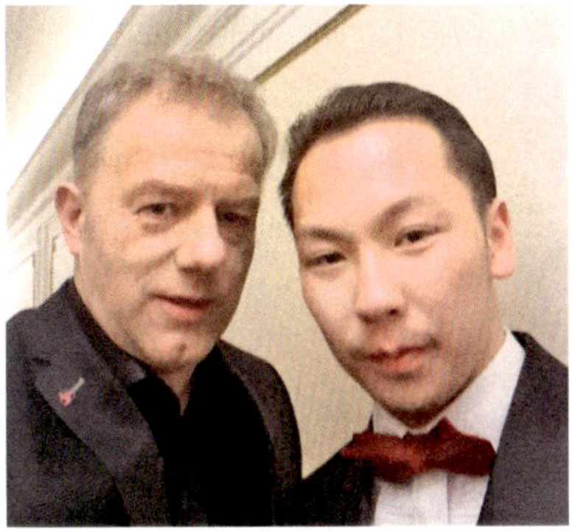

Zayat Battsengel (Mongolei)

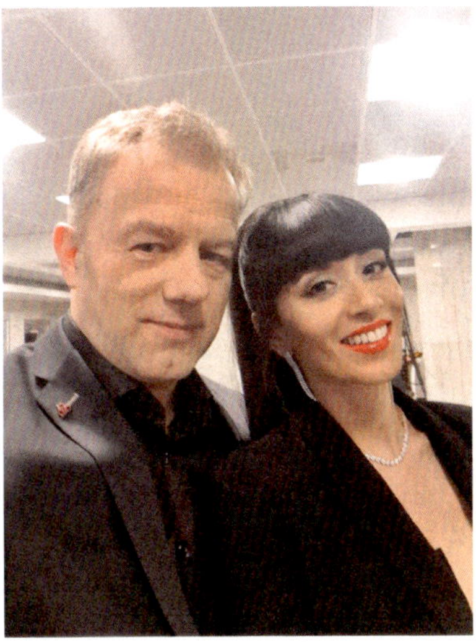

Cassandra de Rosa (Italien)

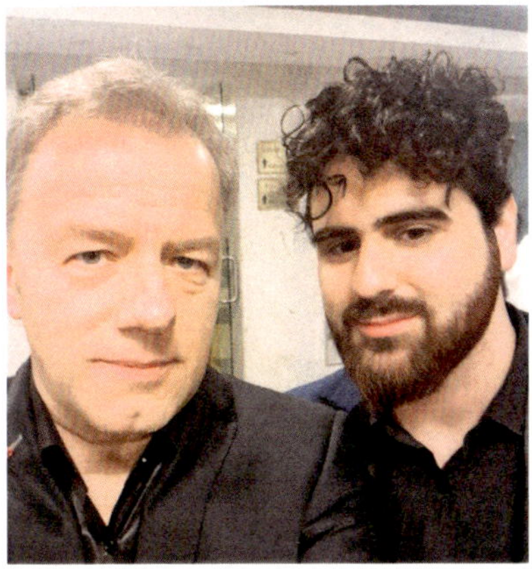

Simone Romano (Italien)

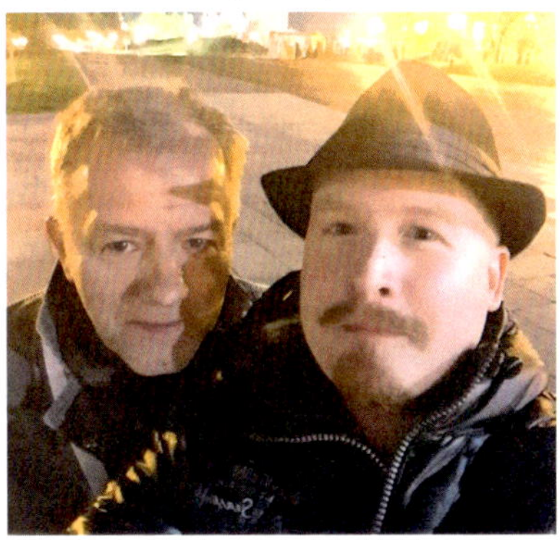

Artur Garfunkel (USA)

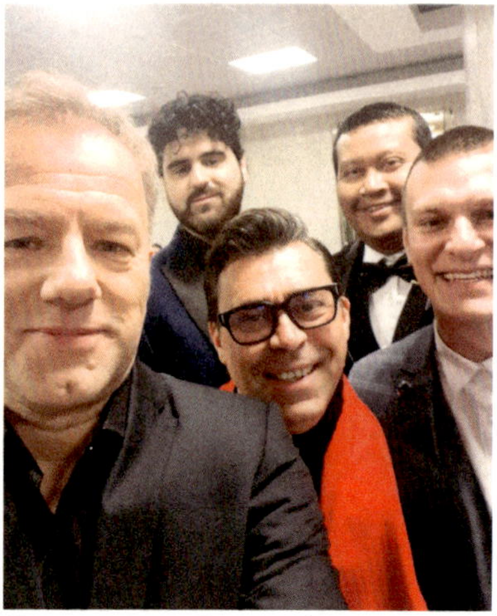

Simone, Johnny, Raymond, Dragan

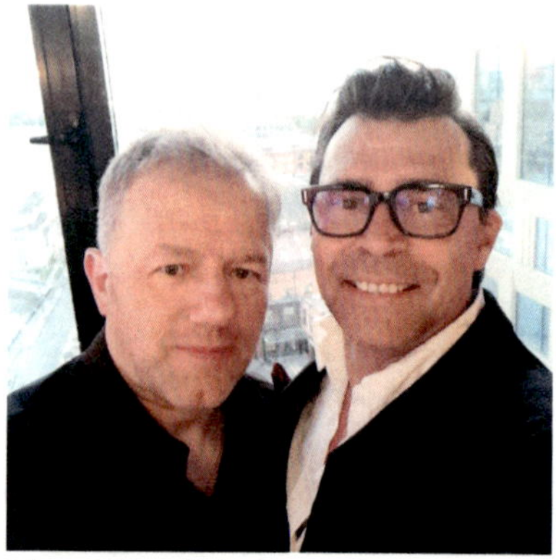

Johnny Moonlight (Ungarn)

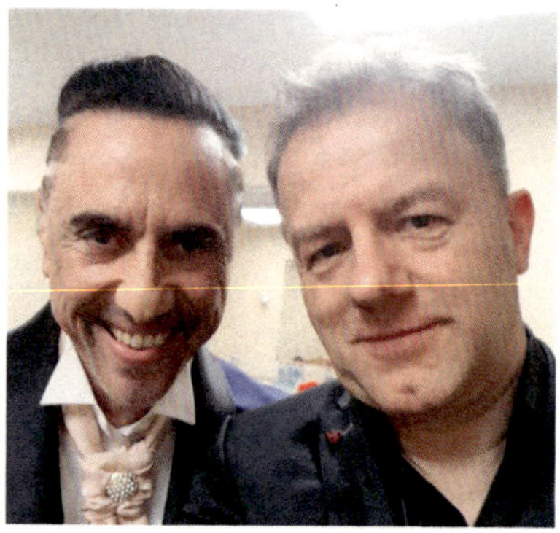

Daniel Emocion (Frankreich)

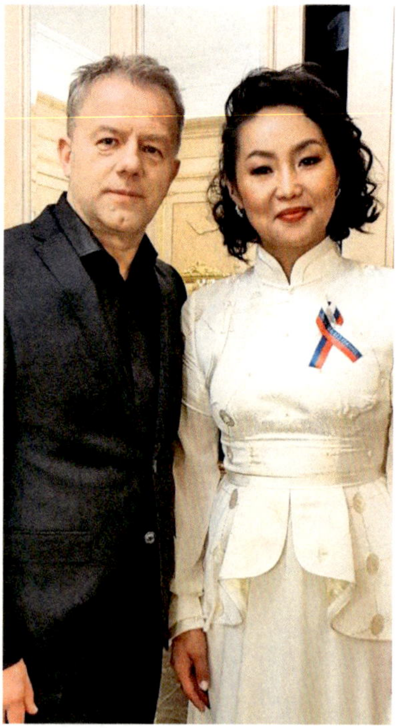

Managerin v. Zayat (Mongolei)

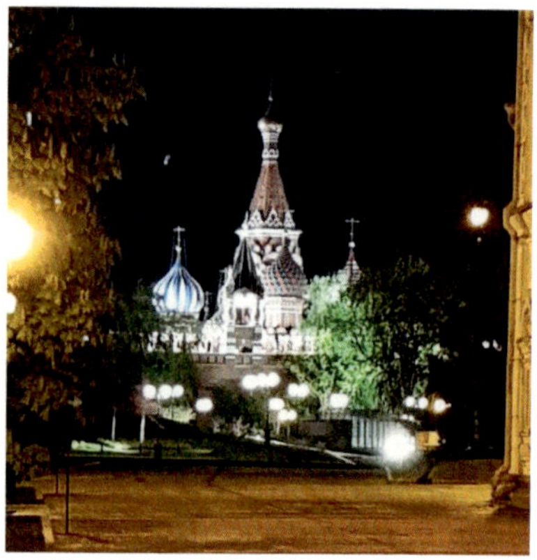

Basilius Kathedrale nachts am Roten Platz

Nachwort

Es ist Mitte September geworden. Ein später, heißer Sommer nimmt langsam seinen Abschied und erlaubt dem Herbst seine ersten Farben. Die Kraniche sammeln sich auf den Feldern. Noch ist Zeit bis zum Abflug. Aber dieses Mal wird es anders sein. Denn obwohl ich schon mein Leben lang mit ihnen lebe, sind die Kraniche nun auch in meine Arbeit als Dichter und Sänger eingezogen. Es ist schon manchmal komisch – als ich vor über zwanzig Jahren mein eigenes Recordlabel „Mañana Records" gründete, ließ ich mir als Logo einen fliegenden Kranich vor der Sonne entwerfen. Als ich Anfang dieses Jahres nach dem richtigen Lied für die Teilnahme am Festival „Дорога на Ялту" in Moskau suchte, kamen die „Kraniche" wieder zu mir. Und nun? Seit ich aus Moskau zurück bin, höre ich nach meinen Konzerten nicht den Ruf Zu-ga-be, sondern Kra-ni-che! Und ich spiele das Lied... und Menschen im Publikum weinen... andere strahlen vor Glück.

Mein Auftritt in Moskau zieht noch immer unglaubliche Kreise. Natürlich nicht durch die staatlichen Medien. Mit einer rühmlichen Ausnahme, nämlich dem NDR, der in TV und Radio darüber berichtete, schwieg der Mainstream zu dem Thema. Genau wie bei meinem Kunstfriedenspreis, den ich 2019 als erster Ausländer in Sankt Petersburg bekam. Im GEZ-gestützten medialen Wirkungskreis Deutschland keine Meldung wert. Dafür rauscht es bis heute durch die alternativen Medien. Große Interviews in den Nachdenkseiten, TV-Interviews für Internetportale und natürlich findet man das Festival und meinen Auftritt im worldwide net. Im Juni war ich gleich noch einmal in Moskau für eine deutsch-russisch organisierte Friedenskonferenz und ein Konzert, das allerdings dann verschoben wurde, weil es, nur fünf Tage nach der „Prigoschin-Affäre", ein sehr unzureichendes Sicherheitszertifikat bekam. Einmal mehr verstand ich dabei, warum „Дорога на Ялту“ im Staatlichen Kremlpalast veranstaltet worden war.

Seit ich aus Moskau zurück bin und meinen Kranichflug öffentlich gemacht habe, flattern mir täglich Dankesbriefe ins Haus. Von Menschen, die mir Rückenwind geben wollen, die mir oft etwas aus ihrem Leben erzählen, das ihre Verbundenheit mit Russland und seiner „Schwester“ Ukraine erklärt. Meine Konzerte sind gerammelt voll oder... werden abgesagt. Vier Kategorien von Veranstaltern lerne ich seither kennen. Kategorie 1 kündigt mir schon verabredete Konzerte oder stellt sich plötzlich taub und stumm. Zum Teil sind das Leute, mit denen ich seit über zwanzig Jahren erfolgreich arbeite und mindestens einmal im Jahr bei ihnen aufgetreten bin. Kategorie 2 sind Veranstalter, die mich von sich aus kontaktieren, um mir zu sagen, dass sie meine Haltung bewundern und sogar teilen, aber im Moment Befürchtungen hätten, mich zu engagieren, weil sie doch von den knausrigen staatlichen Förderungen abhingen und nicht wüssten, ob man sie fallen ließe, wenn sie Eisbrenner auf den Spielplan setzten. Vielleicht nächstes Jahr wieder, wenn „etwas Gras über die Sache gewachsen sei.“ Vorauseilender Gehorsam. Ich verstehe diese Menschen, sie wollen überleben und Corona hat schon genug Veranstalter in die Knie gezwungen. Nur wird das nichts nützen, wenn wir vielleicht schon nächstes Jahr wieder Schützengräben ausheben in Deutschland, weil niemand versucht hat, den brennenden Zug aufzuhalten. Frau Außenministerin jedenfalls wird uns dabei nicht zur Hand gehen.

Kategorie 3 sind die Veranstalter, die sich melden und mir gestehen, dass sie mir so etwas nie zugetraut hätten, weil sie mich „nur von damals aus'm DDR-Fernsehen kennen“ würden und ja gar nicht gewusst hätten, was da noch hinterherkam. Oder auch welche, die ganz ohne Vorurteil plötzlich „durch die Moskausache von mir erfahren“ und beschlossen hätten, dass ich auch bei ihnen mal spielen müsste. Das sind die Neuen, über die ich mich sehr freue. Aber am meisten freue ich mich über Kategorie 4 an

Veranstaltern, die ohne Wenn und Aber zu mir stehen, weil sie es seit Jahren tun und die mir sagen: „Danke für Deine Konsequenz. Die Aktion passt zu Dir und Deinen Überzeugungen, die Du seit Jahren mit uns und dem Publikum teilst. Lass Dich nicht verbiegen. Bei uns hast Du immer eine Bühne. Punkt." Ich lasse es mir nie anmerken aber manchmal bin ich in solchen Ansprachen den Tränen nah. Denn das sind doch die Menschen, für die ich losgezogen bin – deren Stimme ich sein wollte und will. Diese Menschen machen es mir leicht, über die Krakeeler hinwegzuhören, die in den sozialen Medien unflätig Gift und Galle speien. Ich gehe, wenn dabei ein gewisses Niveau vorausgesetzt werden kann, keiner Diskussion aus dem Weg. Und auch dieses Buch ist im Grunde nicht weniger, als mein Angebot zum Gespräch oder noch besser zur Besinnung. Denn auch ich dränge auf Frieden in der Welt und bestehe genau darum darauf, dass wir uns besinnen! Dass wir alle derzeitigen Kriege auf der Welt gleich bewerten! Und dass wir versuchen, sie zu beenden, indem wir uns ernsthaft fragen, wer sie inszeniert und also bisher von ihnen profitiert hat. Kein Krieg der Welt hat seine Stunde Null an dem Tag, da der erste Schuss fällt. Und die meisten Kriege wären zu verhindern, wenn wir „denen die Hände zerschlagen, die sie in aller Öffentlichkeit vorbereiten". Da bin ich schon wieder bei Bertolt Brecht. Wenn die Welt genau hinsehen, die Profiteure entlarven und rechtzeitig Widerspruch formulieren würde, wären die meisten Kriege zu verhindern. „Weigert Euch, Feinde zu sein!" habe ich kürzlich auf einem Plakat gelesen. Genau hinsehen. Ist der Krieg in der Ukraine schon der eigentliche Krieg? Oder um welchen Krieg geht es eigentlich? Wir brauchen uns nichts vorzumachen: Wir alle sitzen hier warm und trocken und können über das böse Russland diskutieren, weil bisher niemand die Nerven verloren hat – besonders auch Russland nicht. Andernfalls hätten wir es wohl zuerst gemerkt mit unserem außenpolitischen Gekeife, unseren Waffenlieferungen und der amerikanischen Militärbasis im Garten. Ramstein.

Vor ein paar Tagen endete eine kleine Tournee, die ich mit einem indianischen Blues- und Protestsänger der Cheyenne-Arapaho, Mitch Walking Elk, hier in Deutschland gemacht habe. Wir hatten natürlich auch über Politik gesprochen und den Ukrainekrieg und er war sehr interessiert gewesen an der Entstehungsgeschichte dieses Krieges, von der in den USA offenbar niemand berichtet. Nachdenklich hatte er dann gesagt: „Warum bin ich nicht überrascht?“ Weil Du Indianer bist, hätte ich antworten wollen aber es wurde nur ein Schulterzucken, das er mit einem wissenden Kopfnicken beantwortete. Gestern ist er zurückgeflogen nach Oklahoma, zurück auf Indianerland. Er lebt mit seiner Frau in einem Trailer.

Indianisch betrachtet könnten die Kraniche unsere Schutztiere sein. Uns warnen... vor uns selbst, wie es ja in „Журавли“ beschrieben wird. Aber wir müssen das wollen. Oder sie könnten uns Vorbild sein, wie in dem Liedtext „Die Kraniche fliegen im Keil“ von Kurt Demmler. Dort heißt es in der dritten Strophe:

Lasst uns wie die Kraniche sein,
Dass wir unser Möglichstes geben.
Der Starke in Groß und der Schwache in klein
Und trinken am Abend den gleich teuren Wein
Auf ein noch viel besseres Leben.

So könnte es gehen in der Welt.

Ich muss Schluss machen, muss raus in den Hof, noch bevor es dunkel wird die Wimpelketten aus den Bäumen holen. Seit unserem diesjährigen Festival „Musik statt Krieg“ bin ich noch nicht dazu gekommen.

Inhalt

Die Kraniche sind da 5
Боже мой (oh mein Gott)! 18
Wenn einer eine Reise macht 34
Krieg ist Politik 41
Come together 51
Das Bild von einem Deutschen 61
Ein helles Lied des Gedenkens 75
Ach so, Ueckermünde 85
Das große Finale – aber nicht für das Buch 90
Rein ins Volk 106
Die Stadt der Samoware 117
Tausendvierhundertachtzehn Schritte 121
Праздники – Feiertage 128
Fliegende Zeit 144
Nachwort 161

In der Reihe »Texte zur Sache« veröffentlichen unterschiedlichste Autoren Texte und Essays zu gesellschaftspolitischen Themen.

Bisher sind erschienen:

HANS-ECKARDT WENZEL | Das große Karthago führte drei Kriege … – Anmerkungen zur Neuauflage von *Die Troika. Geschichte eines nichtgedrehten Films*

EUGEN DREWERMANN | „Aufeinander zugehen in Zeiten der Spaltung" – Neujahrsansprache 2022

JÖRN SACK | In Memoriam 1914 – eine Betrachtung über Beginn und Fortgang der Weltkriege

JÖRN SACK | Entstaatlichung – Was wir wollten, entzieht sich unserer Kontrolle

JÖRN SACK | Preußen – Reflexionen über einen Staat, der einer war

ROGER REINSCH | Der weite Weg zur Würde – Frommer Wunsch oder reales Ziel?

HANS KRIEGER | Demontage der Gerechtigkeit – Sozialstaat in der Sackgasse?

HANS KRIEGER | Als wir die Mauer bauten – Ein selbstkritischer Westblick auf die ehemalige DDR

GÜNTER ALTNER, PETER KRAHULEC | Erdverantwortung – Alles nur Diktat der Gene? Oder waren wir es nicht selber, die da aufbrachen?

Alle Titel unter:
www.edition-bodoni.de und im Buchhandel

ISBN 978-3-947913-41-1
Umschlag: Daniel Hager, Marc Johne
Satz und Layout: Marc Johne
Gesamtherstellung: typowerk.net